Cristina J

Mensagens

para todos os momentos

SBN
EDITORA

EDITORA

Rua das Missões, 696
89051-000 - Blumenau - SC

Editoração Eletrônica
Big Print Comunicação Visual

Textos
Cristina Marques

Revisão
Cristina Klein

IMPRESSO NA CHINA

Dados Internacionais de Catalogação na Publicação (CIP)
(Câmara Brasileira do Livro, SP, Brasil)

Marques, Cristina
Mensagens para todos os momentos / Cristina Marques. --
Blumenau, SC : SBN Editora, 2008.

Bibliografia.
ISBN 978-85-61486-20-4

1. Bíblia - Meditações 2. Deus - Amor 3. Devoções diárias
4. Vida cristã I. Título.

08-05750 CDD-242.2

Índices para catálogo sistemático:

1. Deus : Leituras devocionais diárias : Cristianismo 242.2

Mensagens para todos os momentos

Prefácio

Esta obra foi criada com a finalidade de estimular a reflexão.

Ao lermos a Bíblia não meditamos longamente sobre as promessas de Deus e sua aplicabilidade nos dias atuais.

Alguns julgam pueris, inviáveis ou inconsistentes as saídas propostas pela Palavra de Deus.

Porém, vale lembrar que a Bíblia durante séculos tem transformado vidas.

A atemporalidade e a universalidade das Escrituras Sagradas superam a compreensão humana.

Apaixonada por Jesus, o Cristo, atrevi-me a mergulhar na leitura e compreensão das mensagens da Bíblia e a tentar contextualizá-las com uma linguagem que fale ao seu coração.

Durante este processo, chorei, louvei, adorei e agradeci a Deus esta rica oportunidade.

Eu aprendi, a cada dia, o propósito maravilhoso deste Pai tão amoroso e a constante preocupação de manter acesa a chama que aponta para o caminho da vida eterna.

Em cada página estão derramadas a Graça de Cristo, o Verbo Vivo, a sabedoria de Deus e as consolações do Espírito Santo, colhidas com temor e adoração da fonte inesgotável que é a Bíblia.

Cada versículo utilizado como fonte de inspiração foi devidamente registrado para posterior consulta e também como convite para uma releitura. Afinal, a Bíblia se renova a cada instante e a interpretação poderá ser uma nova mensagem.

Abra seu coração e permita que a Palavra crie Vida para você e a Voz do Senhor ecoe em sua alma.

A autora

Dedico este livro a vocês, meus amados filhos, Matheus e Vitor.
Que estas mensagens consolem seus corações,
fortaleçam espíritos e moldem o caráter.
Relembrem seus valores e edifiquem sua fé.
E quando não estiver mais ao lado de vocês,
que sejam estas palavras a minha voz
a orientá-los na jornada.
Eu os amo com amor infinito e imortal.
Que Deus os abençoe hoje e sempre.

Agradeço ao Deus Todo Poderoso, Pai Amoroso e
Senhor de minha vida, pela oportunidade de servi-Lo.
À minha mãe, Dona Wilma, cujas orações constantes e
sábios conselhos, enchem meu coração de alegria.
À minha família, esteio firme para uma vida feliz,
meu esposo Claudemir, companheiro de todas as horas e
meus filhos, bençãos de Deus.
À querida Cristina Klein, cuja dedicação,
disposição e zelo pela Língua, pela Palavra e pelo próximo
encantam e despertam respeito.
Ao Sr. Juergen que, acreditando
no potencial de cada um a seu serviço
e dispondo-se a lançar este livro, está abrindo portas
para a Palavra de Deus fazer a diferença nos corações.
E, por fim, a você, que por acreditar no Poder da Palavra
me dá a oportunidade de, juntos,
estabelecermos aqui e agora, o Reino de Deus.

Mensagens para todos os momentos

"Porque Deus amou o mundo de tal maneira que deu o seu filho unigênito para que todo o que nele crê não pereça, mas tenha a vida eterna."
João 3:16

Pessoas
O Alvo do Amor de Deus

O mestre a quem servimos não veio à Terra para morrer por reinos, empresas ou domínios: ele veio morrer por pessoas. Cristo provou para nós que as pessoas são de valor incalculável, inestimável... Por isso, custou preço de sangue.

Devemos amar as pessoas, meu filho. Respeitar seus valores e crenças, compreender suas fraquezas e procurar entendê-las todo o tempo. Tudo o que elas procuram é ser felizes, amar e ser amadas, aceitas e compreendidas. Muitas trilham caminhos tortuosos, mas no fundo estão somente na direção errada e não sabem como mudar.

As pessoas percebem em nosso olhar, no tom da nossa voz e nas palavras quais são as nossas intenções. Uma intenção legítima transparece em nosso comportamento como uma mensagem digna de confiança.

Cuidado ao lidar com sentimentos humanos, pessoas são preciosas aos olhos de Deus, e Ele confia em nós. Grande, pequeno, rico, pobre, branco, índio, negro, homem ou mulher, não se esqueça: são preciosidades para Deus.

"Seja, porém, o vosso falar: sim, sim, não, não, porque o que passa disto é de procedência maligna."
Mateus 5:37

Credibilidade

Filhos, a moeda forte em nossa vida que nunca perde o valor é a nossa credibilidade. Nossa palavra deve ser uma só. Devemos cumprir as nossas promessas. Por isso só devemos prometer o que podemos cumprir.

Quem fala a verdade, meus amados, não se enrola, não tropeça e não se incomoda. Muitos dizem que todo homem tem seu preço, que sua honra, sua honestidade e seu caráter podem ser comprados. Não se enganem. Deus sempre nos dá condições de resistir às tentações e a cada vez que vocês triunfam sobre a corrupção, a luxúria ou a maledicência, sentirão que estão mais fortes. Integridade é uma jóia rara e valiosa; os antigos sábios já enalteciam os homens virtuosos.

Sejam honrados, homens de palavra, e cumpram seus deveres. Mesmo que ofereçam vantagens, recusem-nas. E se for necessário até algum sacrifício para manter a sua credibilidade, façam-no. Deus recompensará os seus esforços.

"Não veio sobre vós tentação, se não humana,
mas fiel é Deus que não vos deixará tentar acima de vossa capacidade,
antes contudo lhes dará o escape."
1º Coríntios 10:13

Oportunidade x Tentação

Em algum momento de suas vidas, vocês terão que tomar importantes decisões. Existirá certa situação em que estarão em uma encruzilhada, virão escolhas a serem feitas, momentos difíceis onde qualquer passo será definitivo. Nesses momentos, costumamos receber a visita de uma dessas personagens: a oportunidade ou a tentação.

Costumo dizer que elas se apresentam como belas e eloqüentes damas que falam aquilo que mais desejamos ouvir e nos oferecem tudo o que mais queremos e sonhamos, exatamente o que procuramos. No entanto, meus queridos, enquanto a oportunidade pode elevar-nos à realização (sucesso), a tentação pode nos conduzir à frustração (fracasso).

Então, se elas são tão parecidas a ponto de serem confundidas, como saber com quem estamos lidando? Prudência, meus filhos, só existe um pequeno detalhe que pode diferenciá-las. A tentação pedirá que vocês renunciem a algo em que acreditam, a um de seus valores. Será o preço que vai cobrar. Lembrem-se, vocês não estão à venda. Aguardem e confiem, logo chegará a oportunidade e ela precisará encontrá-los preparados.

"Não temas, crê somente."
Marcos 5:36

A Fé e o Medo

Durante a nossa caminhada pela vida não viajamos sozinhos. Ao nosso lado, existe um lugar para um acompanhante. Existem dois companheiros de viagem que se alternam, segundo a nossa vontade: a fé e o medo.

O medo lança fora a fé; a fé lança fora o medo. Nós escolhemos em determinadas ocasiões com quem estamos seguindo. Quando você diz: "Tenho medo do que pode acontecer!" Pronto, o medo instalou-se ao seu lado. Ou então, quando diz: "Eu creio que vai dar certo!" A fé já ocupou o lugar e colocou o medo para escanteio.

Alguns viajam pela vida sem trocar de parceiro. Se viajam com o medo, sentem medo de tentar, medo de escolher, medo de fracassar, medo de falar, medo do que os outros vão pensar ou falar, enfim, têm medo de viver. Travando sonhos e abordando projetos. Outros resolvem viajar com a fé. Acreditam "que todas as coisas cooperam para o bem dos que amam a Deus" ou então "que no fim tudo dá certo, se ainda não deu certo é porque não chegou ao fim".

Eu digo que o medo em certas ocasiões é necessário, senão onde estaria o nosso instinto de sobrevivência? O medo nos deixa alerta quanto ao perigo. No entanto é necessário lembrar do equilíbrio. O medo pode ser uma "carona" ocasional, nunca o companheiro de viagem para toda a existência.

Então eu te pergunto:

- Quem está viajando com você agora?

"Tudo tem seu tempo determinado e
há tempo para todo o propósito debaixo do céu."
Eclesiastes 3:1

Tempo

Tudo nesta vida tem um tempo determinado. O grande problema das pessoas da nossa época é conhecer o tempo. Em uma época onde tudo é instantâneo, automático, veloz e descartável, não sobra espaço e vontade para esperar. O homem nutre paixão pela velocidade. Quanto mais rápido, melhor! Tudo para ganhar mais tempo.

O que o homem ganhou com esta "armadilha" do tempo? Preocupação, estresse, desorientação, angústia, frustração, impaciência e medo. Precisamos estabelecer um tempo segundo nossas necessidades. Devemos lembrar que o tempo não existe. Nós criamos o mecanismo de contar o tempo!

Nós esquecemos que as prioridades devem ser respeitadas e devemos repartir "o nosso tempo" de forma justa para atender a mim mesmo, à minha família, aos meus amigos e à minha comunidade. Devemos "desmitificar" o bicho-papão do "sem tempo" para nada.

Levamos nove meses para nascer, dez meses para andar, outros tantos para falar, anos nos bancos escolares e temos, pela atual qualidade de vida, até 70 anos ou mais para viver. Então, pra quê a pressa?

"Todas as coisas me são lícitas,
mas nem todas as coisas conveem.
Todas as coisas me são lícitas,
mas eu não me deixarei dominar por nenhuma."
1º Coríntios 6:12

A Escolha do Cristão

A Bíblia ensina que podemos fazer todas as coisas, mas nem todas as coisas nos convêm, ou seja, temos a liberdade de escolher o tipo de vida que queremos levar, que espécie de pessoas queremos ser. A palavra de Deus também ensina que devemos ser autênticos e verdadeiros, honestos e justos, mesmo quando ninguém está vendo, porque, afinal, mesmo quando "parece" que ninguém lhe observa, Deus está olhando para você

Por fim, aprende-se na Palavra de Deus que o melhor discurso é a prática, ou seja, ser cristão é mais do que falar sobre as Palavras de Jesus, é ser um cidadão dos céus, um autêntico cristão em qualquer fase da vida, seja na alegre e breve infância, na efervescente adolescência, nos desafios da vida adulta ou na velhice. Na jornada final da vida, olhar para trás e verificar que o caminho foi ensinado e seguido. O desafio está em suas mãos, pois: abrace-o e Deus lhes ajudará.

"Na verdade, há um espírito no homem e
a inspiração do Todo-Poderoso o faz entendido."
Jó 32:8

Inspiração

Inspiração, meus filhos, é como a chuva que Deus envia para regar a Terra. A chuva cai de forma igual para todos. Alguns reclamam porque ficam molhados e deixam a água escorrer; outros pegam um balde, recolhem um pouco para seu uso e sempre tem alguém que canaliza toda a água que pode e se realiza.

Assim são as idéias. São derramadas todos os dias, de forma generosa, sobre todos. Alguns têm a idéia, acham-na até muito boa, mas deixam passar a oportunidade, porque não têm "o dinheiro", acham difícil e que vai dar muito trabalho, e ficam chateados quando vêem que alguém colocou em prática uma idéia igual ou parecida com a sua.

Outros até iniciam um projeto, mas talvez por medo ou até dúvida não querem correr riscos e dificilmente avançam. A idéia original vai ficando cada vez menos diferente, limitada e, por fim, não corresponde à expectativa inicial e o resultado estará longe de ser aquele sonhado.

Mas existem também aqueles que ousam, que acreditam e, custe o que custar, perseveram até realizar a tal sonhada idéia. Eles serão motivos de admiração para uns; de inveja, para outros; de críticas e elogios. No entanto, a maior alegria será contemplar a obra realizada em toda a sua plenitude e a satisfação do dever cumprido. Estão chovendo idéias, meus filhos!

"A vossa palavra seja agradável, temperada com sal, para que saibais como vos convém responder a cada um."
Colossenses 4:6

O Poder das Palavras

Meus queridos, é de suma importância para a felicidade e o sucesso pessoal de cada um de nós praticar a boa comunicação. A palavra tem poder, o verbo é vivo! As palavras podem consolar ou ferir, edificar ou destruir. Prestem atenção no verbo: ele indica ação, ou seja, a realização, que pode começar a partir do nosso discurso.

Precisamos estar atentos ao que falamos. Quais as palavras, ou seja, os verbos que mais proferimos: fracassar, matar, odiar, destruir, vingar, maldizer, amaldiçoar ou amar, perdoar, abençoar, construir, reparar, amparar, unir, vencer. Qual é a frase que mais falamos? "Eu odeio isto ou eu amo isto?"; "Não vai dar certo ou vai dar certo?"; "Todas as coisas cooperam ou nada vai funcionar?"; "Vou perdoar ou vou me vingar?".

O que falamos, de uma forma ou de outra, acaba se realizando. As nossas palavras refletem as nossas crenças, nosso modo de pensar, nossa educação e, por fim, a nossa vida. Devemos escolher cuidadosamente nossas palavras e pensar bem na hora de proferi-las. Afinal, o nosso discurso acompanhará nossa prática e determinará a nossa vida.

Não se esqueçam: Deus criou o mundo com o poder da palavra. No princípio era o verbo...

"Ora, o Senhor disse a Abrão:
sai-te da tua terra e da tua parentela e da casa de teu pai;
para a terra que eu te mostrarei."
E far-te-ei uma grande nação e abençoar-te-ei e
engrandecerei o teu nome e tu serás uma bênção."
Gênesis 12:1 e 2

Ser Bênção

Em uma época em que todos procuram mais ter bênção do que ser bênção, a palavra de Deus nos desafia a conhecer a diferença entre ter e ser e o porquê, bem como, os caminhos de um e de outro. (Todos buscam ter bênçãos: dinheiro, posição social, saúde, amor, felicidade.)

Deus anunciou a Abrão que o faria grande, mas essa promessa foi feita após algumas ordens de Deus a ele. Deus queria que Abrão obedecesse primeiro, saísse de casa, da pátria, do lugar seguro onde sempre vivera e seguisse a orientação divina.

Quando Abrão se colocou na total dependência de Deus, abriu-se a oportunidade para Ele operar a mudança anunciada. Do mesmo modo, obedecemos a Deus a ponto de nos colocarmos em suas mãos, sem medo e sem dúvidas, agimos como Abrão. Tal atitude permite-nos ver que as bênçãos e vitórias alcançadas têm uma só fonte; não se trata de sorte, destino, coincidência, ou qualquer "conjunto de fatores" que possam contribuir. Trata-se da maneira como Deus age com aqueles que pretendem ser bênçãos. Deus os engrandece: dá-lhes condições financeiras, saúde, influência e poder.

Que bom! Você pode achar que este é o final feliz. Não! É apenas o começo. Deus nos ensina que ter é apenas uma ferramenta para ser bênção.

Então o que é ser bênção? É agirmos na vida do próximo que Deus coloca em nosso caminho; é sermos a bênção que Deus quer que sejamos. Passamos pelas pessoas como um cometa; talvez, nunca mais as vejamos. Porém, como um cometa deixa rastros no céu, devemos deixar nossas marcas na vida dessas pessoas. Seja por meio de palavras, orações, pequenos gestos ou ajuda, qualquer que seja a atitude, temos o dever de ser bênção.

Você passa a ser tolerante, piedoso, perdoador, generoso, perseverante e, acima de tudo, amoroso. Você passa a ser fonte de bênção, um canal onde Deus, através de você, abençoa outras pessoas. Não tenha receio de esgotar-se; Deus é infinitamente provedor e generoso e abastecerá o seu estoque de bênçãos. Você agora sabe: "Deus quer que você tenha bênçãos para ser bênção".

"E far-te-ei uma grande nação e
abençoar-te-ei e engrandecerei o teu nome e
tu serás uma bênção."
Gênesis 12:2

A Responsabilidade de Ser Bênção

Ser bênção implica em uma série de responsabilidades com Deus e com o próximo. Podemos nos deixar levar pela vaidade, ganância, displicência, avareza, luxúria ou mentira. Essas tentações aparecem no caminho em algum momento e devem ser vencidas. Precisamos estar atentos ao nosso coração - ele facilmente se engana -, ser prudentes com nossas palavras e ações, pois facilmente nos desviamos.

Recebemos o poder de ser bênção na vida das pessoas, portanto, devemos compreendê-lo bem. Deus cuida de todos os bens que nos pertencem e não deixa ninguém ficar com o que Ele nos deu. Um exemplo claro na vida de Abrão foi quando ele foi para o Egito na companhia de sua mulher Sara. Com medo de ser morto, Abrão pediu a Sara que dissesse a todos que era irmã dele. Como Sara era linda, o faraó a pegou como esposa. Deus enviou pragas para o faraó e sua casa até que Sara fosse devolvida a Abrão. Quando o faraó descobriu que Abrão mentiu sobre Sara, ordenou que saíssem do Egito.

Não devemos tratar as bênçãos que Deus nos dá com descaso nem displicência, pois o Senhor tem cuidado e ciúmes: o que deu a Seu povo é dele e de mais ninguém. O que é para ser repartido, Deus multiplica; devemos então saber discernir o que é nosso e o que deve ser do próximo. Levem a sério o que Deus pede de vocês e o que fala para vocês.

"Eu abençoarei os que você abençoar e amaldiçoarei os que você amaldiçoar". Deus é a nossa justiça, nosso defensor e todos que lidarem conosco estarão tratando com Ele também. Portanto, se formos abençoados pelas pessoas, Deus as abençoará; se formos amaldiçoados por elas, terão de Deus a resposta. Da mesma maneira, não amaldiçoem ninguém. Lembrem-se de que vocês devem ser bênção, pois se enviarem maldição, maldição virá. Creiam que vocês são bênção e ajam como tal! "E em ti serão benditas todas as famílias da terra".

"E andarei no meio de vós e Eu vos serei por Deus e vós me sereis pelo povo."
Levítico 26:12

Deus

Meus amados, eu sei que diversas vezes já falamos sobre Deus, mas é importante lembrar e registrar algumas palavras sobre Ele. Deus é tão importante para nós que se Ele não existisse, nós o teríamos inventado. Ainda bem que Ele é real! Deus é necessário em nossas vidas, pois é um padrão de excelência, de amor tão generosamente grande que nos estimula, convoca, impulsiona e busca este padrão, a fim de sermos melhores do que somos.

Deus é a presença paterna forte e essencial para o homem. O amor infinito e eterno que preenche, edifica e promove a felicidade do coração humano. Deus, meus filhos, é proteção, provisão, paz e perdão todos os dias, todas as horas, sejam elas boas ou más. É luz na escuridão, é consolo no sofrimento, é paciência na tribulação, é fé nas horas de dúvida ou medo.

Tudo o que precisamos saber sobre Deus é que Ele estará sempre presente ao nosso redor, para aconselhar, instruir, repreender se necessário, mas com muito carinho, para consolar e demonstrar sua alegria e satisfação quando realizamos algo bom. Para falar com Ele vocês já sabem: é só orar. Qualquer hora, qualquer lugar, como sempre fazemos, falando do nosso jeito. E vocês sabem, por experiência própria, que Ele sempre ouve e responde.

Lembrem-se, Deus é como o ar: essencial para a vida, está sempre ao nosso redor, vocês não podem vê-lo, mas podem senti-lo. Ele é simples, Ele é sincero e sempre nos ama. Ele é Deus!

"Em ti serão benditas todas as famílias da terra."
Gênesis 12:3b

Família

Vivemos em uma época onde presenciamos a desestruturação do principal núcleo da humanidade: a família. Não existe mais a figura paterna respeitada e os filhos desconhecem limites e valores. A tecnologia ocupou o lugar do diálogo, os jovens escolhem seus caminhos e companhias; ditam as regras e os horários.

Acompanhamos o fim da infância, da inocência, do respeito, da valorização da vida e dos laços familiares. Descobrimos que o mal pode se aninhar no seio da família e as pessoas responsáveis pela felicidade dos seus filhos, por vezes, são as culpadas de muitas tragédias. Precisamos e devemos reagir a essa situação. Deus criou a família e quer abençoá-la por nosso intermédio; devemos crer e agir. Vamos lembrar que Jesus veio morrer por pessoas, veio defender a vida e a felicidade dos seres humanos, a felicidade da família.

A família é a base da criação do ser humano saudável, equilibrado e sociável. Na família, ele deve aprender as noções de respeito, de justiça, disciplina e o comportamento para a convivência em sociedade. Em uma família, o homem deve ser preparado segundo a palavra de Deus, com sabedoria e muito amor. Deve haver o respeito aos mais velhos, obediência às regras de convívio, colaboração, disciplina, humildade, generosidade, paciência, respeito à vida e ao bem-estar de todos.

A presença do pai deve ser motivo de alegria e não de medo. A presença da mãe deve ser motivo de harmonia e união entre todos. A presença dos filhos deve ser motivo de orgulho e satisfação e não de discussão e desgosto. A família não é uma instituição ultrapassada e sim uma união de pessoas onde Deus está presente, promovendo a paz e a felicidade. Um porto onde todos vão buscar segurança, conforto e orientação. Que possamos restabelecer o propósito da família, começando por nós, pois esta é a vontade de Deus. "Em ti sejam benditas todas as famílias da terra".

"Honra teu pai e tua mãe, para que se prolonguem os teus dias na terra que o Senhor teu Deus te dá."
Êxodo 20:12

Família - Por Onde Começar? Pais

Este é o primeiro mandamento de Deus que possui uma promessa. Por que honrar pai e mãe pode prolongar nossos dias sobre a terra?

Primeiro, vamos examinar o contexto deste mandamento. É de uma época em que os povos eram nômades, agiam como seus primitivos, sem afeições, e seguiam a lei da sobrevivência. Por essa lei, os fracos e velhos eram deixados para trás, abandonados com alguma provisão e à própria sorte. Os velhos morriam sozinhos e, com eles, os valores, as histórias, os ensinamentos e lembranças. Não se preservavam laços de afeição com os mais velhos; eram um peso a ser aliviado.

Nos dias de hoje, constatamos que este sentimento não mudou muito. Os velhos são abandonados em instituições, casas de repouso, asilos ou hospitais. Eles são considerados um peso, com suas enfermidades, fraquezas e problemas. As visitas são raras ou inexistem; afinal a vida segue em frente e todos vivem ocupados.

Deus ordenou que fosse diferente: "Honrar" é tratar com dignidade, com respeito, com a devida atenção e carinho. Honrar pai e mãe é garantir a continuidade desses valores por todas as gerações, pois, afinal, você será pai ou mãe e, por sua vez, irá querer ser tratado da mesma maneira. Daí vem a promessa: "Para que se prolonguem os seus dias sobre a terra".

Como você trata os seus pais? Está honrando-os como Deus ordenou? Não se esqueça de que você será modelo para seus filhos. Eles o tratarão da mesma maneira que você trata seus pais. A convivência feliz e respeitosa dos avós garante aos netos histórias, valores e lições que eles levarão pela vida afora. A convivência amorosa e sincera entre pais e filhos garantirá a continuidade da família.

Caso o seu relacionamento com seus pais não seja dos melhores, pare e pense o que você pode fazer a respeito. Pense no relacionamento que você vai querer ter com seus filhos e aja segundo a vontade de Deus.

"Instrui ao menino no caminho em que deve andar;
e até quando envelhecer não se desviará deve."
Provérbios 22:6

Filhos

Muito se fala sobre a arte de educar filhos. Livros foram escritos apresentando diversas maneiras. Educadores falam sobre o rigor da disciplina; outros defendem uma maior liberdade.

Enquanto psicólogos, pedagogos, psiquiatras e educadores se debruçam sobre teorias e modelos de comportamento, os pais se encontram perdidos entre a fronteira da liberdade e o limite. Alguns delegam para a escola a função de educar, quando o papel desta é o de "preparar o aluno com conteúdos e competências" para a vida em sociedade. Filhos são bênçãos do Senhor, que estão sob a sua responsabilidade. Cabe aos pais definir parâmetros de comportamento e valores que servirão de guia para as crianças.

O mundo muda, a sociedade também, mas os valores e a ética precisam permanecer. A palavra de Deus é importante na formação do caráter das futuras gerações. É fundamental plantar no coração do seu filho os princípios do amor ao próximo, justiça, verdade, liberdade com responsabilidade, honestidade, pureza, bondade, paciência, paz, alegria, perseverança, coragem, prudência e domínio próprio.

"A mulher sábia edifica a sua casa, mas a tola derruba-a com as suas mãos."
Provérbios 14:1

Mulher

Estamos vivendo tempos modernos, mudanças que favorecem a expansão da mulher, tanto no campo profissional quanto no social. As mulheres ocupam postos de comando, conquistam prêmios científicos e destaques nas mais diversas áreas. A mulher é inspiração para artistas, compositores e autores. É alvo de pesquisas de mercado, de produtos especializados de moda, de tendências. Todo tempo, o corpo da mulher é contado, fotografado, pintado, esculpido, modelado e vendido.

Porém, a mulher é mais do que forma; ela é conteúdo e precisa lembrar-se sempre da sua essência. A mulher foi criada para ser "companheira". E o que é ser companheira? É ser quem acompanha, partilha; que unida a alguém realiza, constrói, conserta, descobre e vive uma vida. Sem perder a individualidade, ela se junta ao companheiro e forma uma unidade. Parece difícil, mas não é.

A sabedoria se sobrepõe à inteligência, não há disputa, nem quem prevaleça. Em uma união entre homem e mulher cristãos há harmonia e edificação para os dois. A mulher é compreensiva, serena, prudente e entusiasmada. Não vive altos e baixos, como se sua vida fosse uma montanha-russa; todos os dias ela exercita o equilíbrio proveniente de sua fé no Deus que a abençoa e protege.

Todos os dias, está ancorada no firme propósito de amar seu marido e seus filhos, pois sabe que o amor não é um simples sentimento que um dia acaba, mas sim um ato de vontade que ela pratica de coração e alma, nos pequenos gestos, nas palavras, segundo o mandamento de Deus.

Esta mulher não se abala na adversidade, pois sabe que a leve e momentânea tribulação que está passando terminará e, com certeza, virão os dias melhores. Ela sempre será o porto seguro dos seus filhos, o ninho de amor do seu marido e motivo de orgulho do seu Deus. Ore a Deus e torne-se cada vez mais a mulher sábia que Ele quer que você seja.

"Igualmente vós, maridos, coabitai com elas com entendimento, dando honra a mulher, como vaso mais fraco; como sendo vós os seus co-herdeiros da graça da vida para que não sejam impedidas as vossas orações."
1º Pedro 3:7

Marido

A Bíblia recomenda aos maridos tratar suas esposas com dignidade e respeito. Levar em conta as diferenças e procurar conviver com bom senso, com harmonia e compreensão. Deus recomenda lembrar que ela saiu do homem, a mulher é parte integrante dele, companheira criada para completar e completar-se com ele.

Em outro trecho da Bíblia, em Efésios 5:25, Paulo recomenda aos maridos amarem suas esposas, assim como Cristo amou a igreja e se deu por ela. O amor de Cristo pela igreja é total, completo, fiel, respeitoso, devotado e não mede sacrifícios.

Existem homens que se realizam profissionalmente, são respeitados e admirados por todos e, no entanto, em casa, são indiferentes e até agressivos ou impacientes com a esposa. Não utilizam a mesma gentileza e atenção que dispensam aos outros. Alguns têm maior prazer na companhia de amigos e colegas de trabalho do que na da esposa. Ficam horas fora de casa e, quando chegam, não a tratam com carinho nem dispensam um tempo para agradá-la.

Deus contempla essa atitude e as queixas e lágrimas das esposas são recolhidas; estão diante da memória de Deus. Muitos homens não têm sua oração respondida justamente por causa dessas situações. Como é o tratamento que você dá à sua esposa? É o mesmo de antes? Melhorou, estacionou ou piorou? Vocês saem juntos? Conversam? E o principal: oram juntos?

A felicidade conjugal se estabelece quando homem e mulher procuram sonhar juntos, têm metas e caminhos na mesma direção. Deus os uniu e se tornaram um. Que o Espírito Santo opere em seus corações, promovendo a união segundo o padrão do Senhor. O marido fortalece, protege, defende e ama a sua esposa. A esposa apóia, completa, alegra e enriquece a vida do marido. Juntos, marido e mulher sonham, realizam, celebram as conquistas, a vida e o amor.

"... mas o justo viverá da fé."
Romanos 01:17b

Viver pela Fé

O que é fé? Fé é acreditar nas coisas que não se vê e a recompensa é ver as coisas em que acreditamos. Um exemplo prático de fé no nosso dia-a-dia é a certeza do agricultor na colheita quando está lançando a semente na terra. Fé é desafiar as circunstâncias ao nosso redor e acreditar nas promessas que Deus nos fez em sua Palavra.

Constantemente somos desafiados a crer. Abraão já era velho e sua esposa também idosa quando Deus prometeu que ele seria pai de uma grande nação. O detalhe é que Abraão não tinha filhos até aquela idade. Mas como para Deus nada é impossível, Sara se tornou mãe com 99 anos!

Deus assegurou a Josué que ele e o povo de Israel derrubariam as muralhas de Jericó, sem armas, apenas cumprindo as ordens de Deus e gritando. E não é que conseguiram! Pela fé Elias orou e Deus respondeu com fogo do céu e queimou o sacrifício que estava sobre o altar no monte Carmelo.

Nos dias de hoje não é diferente. Deus opera de diversas maneiras, atendendo nossas orações, provendo nossas necessidades e realizando verdadeiros milagres para todos que crêem na Palavra Dele. Você crê?

"Sendo, pois, Abraão da idade de noventa e nove anos, apareceu o Senhor a Abraão e disse-lhe: Eu sou o Deus todo-poderoso, anda em minha presença e sê perfeito." Gênesis 17:1

Resistindo à Tentação de Dar uma "Mãozinha" para Deus

Poucas pessoas que lêem a Bíblia atentam para o detalhe que figura no capítulo 16, de Gênesis, no último versículo (também de número 16). Lá, Abraão tinha a idade de oitenta e seis anos. No primeiro versículo do capítulo 17, Abraão estava com noventa e nove anos e foi quando Deus reapareceu para falar com ele. E por que Deus falou-lhe estas palavras? "Eu sou Deus todo-poderoso, anda na minha presença e sê perfeito". Por que treze anos de silêncio e depois essa orientação com ares de repreensão?

Tudo porque Abraão e Sara resolveram "dar uma mãozinha" para a realização das promessas de Deus na vida deles. Sara, achando que estava muito velha para ser mãe, pediu a Abraão que se deitasse com Hagar, sua serva, e fizesse com que ela engravidasse.

Deus não gosta que duvidem de sua palavra e muito menos do seu poder. E pior do que duvidar é encontrar uma "solução humana" e a qualquer preço para realizar uma obra que é para ser de Deus. Esta é uma tentativa de invalidar o milagre com uma solução lógica. Ainda mais quando a promessa diz respeito a Sara e não a outra mulher. Este não é o caminho que um justo que quer viver pela fé deve seguir. Nos treze anos de silêncio Abraão e Sara tiveram bastante tempo para pensar no que fizeram. Quando Deus reapareceu, reafirmou seu poder, e sua promessa. Sara ficou grávida e se tornou mãe aos noventa e nove anos. Nasceu Isaac, o filho da promessa: Sara iria ser mãe.

Deus é o mesmo de ontem, hoje e eternamente. E pode operar milagres, realizar o impossível e o improvável. Ele age onde o homem não pode agir, pede somente que creiam no seu poder e esperem a hora determinada por ele. Quando Deus promete, cumpre. Ele é fiel à Sua palavra.

Portanto, quando você ler a palavra de Deus e crer nas promessas Dele para a sua vida, resista à tentação de dar uma mãozinha para que elas se cumpram em sua vida. Deixe que Deus realize o milagre. Dessa maneira você poderá testemunhar o poder de Deus e dará a Ele toda honra e glória.

"Então disse o Senhor a Moisés:
Por que clamas a mim?
Dize aos filhos de Israel que marchem.
E tu levanta a tua vara e estende a tua mão sobre o mar e fende-o,
para que os filhos de Israel passem pelo meio do mar em seco."
Êxodo 14:15

Quando é a Hora de Você Fazer a sua Parte

Existem momentos em nossas vidas em que ansiamos por um milagre de Deus. Situações difíceis, angustiantes e até vitais, onde não encontramos nenhuma saída. Foi o povo de Israel quem viveu uma situação muito interessante que pode nos ajudar a entender como Deus age nos nossos momentos decisivos.

Após a libertação do Egito os israelitas caminharam pelo deserto. Quando escravos, acreditavam que viviam em segurança nas terras do faraó. Porém, naquele momento, mesmo sendo livres, eles temiam pela própria vida, pois duvidaram que seriam protegidos e amparados por Deus.

Viver pela fé é confiar que Deus é suficientemente poderoso para suprir todas as necessidades e promover a nossa felicidade. Mas a fé não é para assumir uma atitude passiva, cruzar os braços e esperar que Deus faça tudo. É viver de acordo com as instruções Dele, fazer a sua parte e aguardar que Deus faça a Dele.

No Mar Vermelho, o povo de Israel estava diante de um impasse: de um lado o deserto; à frente, o mar; e atrás, o faraó com seus cavaleiros para destruí-los. Entraram em desespero e pediram a Moisés que falasse com Deus. Qual foi a resposta de Deus para o povo? "Marchem". E para Moisés? "Faça o que eu mandar."

Quando eles obedeceram, Deus fez a parte Dele e abriu o mar. O caminho estava lá, oculto aos olhos do povo pelas águas. Porém, quando se fez necessário, foi descoberto e disponibilizado. E quando o povo passou, o caminho foi fechado e as águas cobriram o faraó e seus soldados.

A palavra se aplica à nossa vida também: em determinados momentos, estaremos diante de situações para as quais não vemos saída. Ela, porém, existe. Só está oculta aos nossos olhos. Nesse momento, ore e clame a Deus, ouça atentamente a orientação de sua palavra e obedeça. Faça a sua parte e creia que Deus fará a Dele. Deus honrará a sua fé.

"Porque assim diz o Senhor Deus de Israel:
a farinha da panela não se acabará e o azeite da botija não faltará
até o dia em que o Senhor dê chuva sobre a terra."
1º Reis17:14

A Provisão de Deus

Houve um período de seca sobre Israel, tal acontecimento gerou miséria e fome sobre a terra. Elias, um profeta de Deus, recebeu ordem de ir à cidade de Sarepta, onde, segundo o Senhor, seria sustentado até a chegada da chuva.

Quando falamos em provisão, abastecimento, capacidade de sustentar, amparar e suprir necessidades, pensamos logo em fartura de bens. O milagre de Deus, no entanto, não é um espetáculo para os olhos, é um presente para o coração e a alma. O reino de Deus não é um reino de aparências. Portanto, as realizações do Senhor são percebidas apenas por aqueles que estão atentos à simplicidade e à naturalidade com que Deus espera.

Seria muito mais fácil perceber o cuidado de Deus se Elias fosse recebido por um homem abastado, com uma dispensa cheia de alimentos. No entanto, Deus enviou o profeta para a residência de uma viúva que vivia com seu filho e tinha para seu sustento somente um vaso com um bocado de farinha e uma botija com um pouco de azeite.

Foi um verdadeiro teste para a fé da viúva receber aquele profeta. Ela estava catando gravetos para preparar a sua última refeição e comer com o filho. Porém, quando o homem de Deus declarou que se ela obedecesse, Deus a abençoaria, ela confiou e agiu segundo a palavra do profeta. Deus recompensou a fé da viúva, o azeite da botija não faltou e a farinha do vaso não acabou. A viúva, seu filho e o profeta Elias se alimentaram por muitos dias.

Aprendemos com esta passagem que Deus é fiel e provedor. Ele supre as nossas necessidades e realiza milagres de forma inesperada. Quando Ele afirma que nada nos faltará, a sua palavra se cumpre no nosso dia-a-dia. Porém, destacamos que Deus nos ensina que suprir necessidades se trata do que realmente é essencial, ou seja, o que verdadeiramente precisamos. O seu "operar" também se dá onde menos se espera. Dessa maneira, podemos comprovar que milagre verdadeiro é assim, como a botija da viúva: durará o tempo que for necessário e suprirá o que for necessário.

"Então o anjo do Senhor lhe apareceu e lhe disse:
O Senhor é contigo, varão valoroso."
Juízes 06:12

A Imagem que Deus Faz de Você

Esta passagem fala sobre Gideão, um jovem, o mais novo filho de Joás, um abiezrita da tribo, e Manassés. Eles eram da família mais pobre da tribo. Naquela época Israel era oprimida pelos midianitas, que roubavam tudo que os israelitas produziam.

Gideão estava malhando o trigo em um lagar. Lagar, para quem desconhece, é uma espécie de tanque onde se espremem frutas, geralmente uvas. Trigo é duro e provavelmente Gideão estava malhando com os pés, que deveriam estar feridos e doloridos, mas ele precisava obter farinha para sua família. Portanto, agüentava firme aquele trabalho e o fazia em silêncio, pois os midianitas não podiam ouvi-lo, senão tomariam tudo.

Quando o anjo apareceu e saudou Gideão, disse uma verdade muito bonita: Deus reconhecia a coragem e a determinação de Gideão e se colocava ao seu lado, escolhendo-o para ser o grande libertador de Israel contra os midianitas. Gideão, no entanto, quando ouviu essas palavras, olhou para a condição em que se encontrava e declarou o que via: um jovem pobre e o menor da sua família.

Deus, porém, determinou: "Eu hei de ser contigo; tu ferirás aos midianitas como se eles fossem um só homem." Deus estava falando de vencer um exército de milhares de guerreiros experientes, ferozes e bem armados. Porém, quando Gideão creu, e obedeceu a Deus, contemplamos a mais gloriosa e maravilhosa vitória de Israel, pois o exército inimigo foi vencido sem precisar levantar uma arma sequer.

Devemos aprender com essa passagem que Deus nos enxerga de forma diferente. Onde vemos limitações, Deus vê possibilidades. Onde vemos fraquezas, Deus vê o seu poder operando. Onde vemos luta, Deus enxerga a vitória. Quando Deus se dirige a nós com palavras de elogio e fala ao nosso coração sobre conquistas é porque Ele vê o que nós não vemos, Ele enxerga o futuro. Devemos crer na imagem que Ele nos mostra e transformá-la pela fé em realidade em nossa vida.

"E ali entrou numa caverna e passou a noite e eis que a palavra do Senhor veio a ele e lhe disse: - Que fazes aqui, Elias?"
1º Reis 19:9

Vencendo a Depressão

Elias foi um profeta de Deus muito poderoso. Obediente a Deus, repreendia reis, quando esses se desviavam da palavra de Deus e cometiam maldades. Certa ocasião desafiou e venceu, no Monte Carmelo, 450 profetas de Baal (deus pagão) que serviam à cruel rainha Jezabel. A rainha, furiosa, enviou mensagens a Elias anunciando que iria matá-lo. Ele temeu por sua vida e fugiu, passando a ser perseguido. Tal situação o colocou em profunda depressão e ele até desejou morrer.

Depressão é um terrível mal que ataca, paralisa, entristece e provoca enorme desânimo, cansaço, insônia e perda de apetite. A depressão não tem vontade para nada. Diversas situações levam uma pessoa à depressão: perda de um ente querido, desemprego, doença, problema conjugal, acidente ou uma mudança na vida para a qual não se estava preparado. Como tratar a depressão? Deixe Deus tratar você, como fez com Elias.

O que Deus fez: quando Elias fugiu, estava cansado e faminto. Foi parar no deserto. Encontrou um zimbro (uma planta), deitou-se debaixo dele e dormiu. Deus enviou um anjo com alimento e água. O anjo acordou o profeta e, dando-lhe o alimento, disse: "Levanta-te e come, porque muito comprido será o teu caminho." Elias comeu e bebeu. Com a força restabelecida, seguiu viagem, porém, quando achou a caverna, escondeu-se nela.

1º • Deus enviou alimento e água para o profeta. É a demonstração do cuidado de Deus com a vida dos seus. Neste momento Deus foi ao encontro de Elias e perguntou: "Que fazes aqui?" A pessoa que sofre de depressão se esconde, se refugia, se tranca em um lugar, isolando-se das demais.

2º • Deus foi ao encontro de Elias para tirá-lo daquela situação. Como Deus conversou com Elias? Ordenou que ele fosse para fora. Em seguida, Deus mostrou o seu poder: primeiro um vento forte que fendia os montes; depois um terremoto; depois, grandes labaredas de fogo. Mas o Senhor Deus não estava no meio dessas manifestações. Com voz branda, porém firme, falou com Elias. Elias disse que estava sozinho e que não haveria mais profeta de Deus em Israel. Então, o Senhor ordenou-lhe que retomasse seu trabalho e anunciou que haveria ainda sete mil outros fiéis que também serviriam a Deus. Elias então partiu dali e retomou suas funções.

Deus lida com a depressão da seguinte maneira:

1º • Alimenta e fortalece - o fato de você estar vivo e lendo esta mensagem já é uma prova do cuidado de Deus.

2º • Vai ao seu encontro - Deus trata pessoalmente de você.

3º • Chama você para fora - Ele quer que você saia do marasmo, da escuridão da "caverna".

4º • Mostra o poder que Ele tem - Ele tem poder de realizar mudança (vento), abalar as estruturas (terremoto), queimar e purificar tudo (fogo) e, mesmo assim, no seu caso, Ele quer agir com brandura (voz serena).

5º • Ouve as suas queixas e lhe mostra a realidade.

Quando estamos deprimidos, achamos que estamos sozinhos, nossas dificuldades são maiores, não há ninguém sofrendo mais que a gente. Deus mostra que existem pessoas enfrentando dificuldades bem piores do que as nossas e nem por isso se entregaram. Deus nos chama à realidade quando diz:

"No mundo tereis aflições...".

Porém completa: "mas tende bom ânimo..."

Por quê? "... eu venci o mundo". João 16:33.

Quando Deus vem ao seu encontro é para lhe dizer que não está sozinho e desamparado como pensa estar. Ele está ao seu lado, portanto, assim como fizeram outros, creia, reaja, levante-se e prepare-se para vencer!

E lembre-se: "Muitas são as aflições do justo, mas o Senhor o livra de todas". Salmo 34:19

"Quanto ao mais, irmãos, tudo o que é verdadeiro, tudo o que é honesto, tudo o que é justo, tudo o que é puro, tudo o que é amável, tudo o que é de boa fama, se há alguma virtude e se há algum louvor, nisso pensai."
Filipenses 4:8

O Poder dos Pensamentos

Não existe terreno mais fértil que a nossa mente. Todos os dias diversos pensamentos cruzam nossa mente e ocupam nosso tempo. Freqüentemente ficamos chateados, irados, distraídos ou "nas nuvens" com certos pensamentos.

Você já perdeu o sono por causa de um pensamento ou idéias, frustrações e respostas que não foram dadas na hora certa e que ficaram martelando em sua mente? E aqueles pensamentos "picantes" que você não ousa comentar com ninguém, afinal, se souberem, o que iriam dizer?

Nossa mente é um campo onde semeamos pensamentos que geram idéias, que por sua vez se transformam em ações. Existem mentes "malignas" que ficam horas maquinando o mal. Existem mentes "podres" cujos pensamentos são vergonhosos. Existem mentes inúteis, de cujos pensamentos não se aproveitam nada. Existem mentes "doentias" que não pensam nada que promova o bem-estar delas ou de outra pessoa.

É por nossa mente que o mal costuma passar suas tentações. Você não pode impedir que pensamentos tentadores "sobrevoem" a sua mente, mas não deve deixar que eles façam "ninho". A recomendação de Paulo é para preservar a saúde de sua alma: bons pensamentos trazem serenidade, alegria, inspiração e boas idéias que geram grandes realizações.

Que possamos "limpar a nossa mente" e, elevando nossos pensamentos aos céus, buscar a mente de Cristo e, em oração, pedir "pensamentos poderosos" de fé.

"Irai-vos e não pequeis, não se ponha o sol sobre a vossa ira".
Efésios 4:26

Ira

A ira é prejudicial ao homem sensato. Quando o furor toma conta do coração, cega o entendimento e paralisa o bom senso. Palavras que ferem são proferidas no calor da discussão, acusações são feitas e, por vezes, ameaças e ofensas. A palavra de Deus recomenda que o coração do homem não seja prisioneiro da ira. Você pode até sentir; porém, ela não pode dominá-lo, senão acontece o que a palavra alerta: acaba-se por pecar.

A ira conduz à violência. Prejudicamos a nós mesmos em primeiro lugar e, depois, ao nosso próximo, com ou sem razão. Deus recomenda que o sol não se ponha sobre a nossa ira, ou seja, o nosso acesso de raiva deve ter início e fim; não deve se prolongar. A ira prolongada estimula o desejo de vingança e o sentimento vai crescendo até se tornar ação. A "desforra" leva a acontecimentos trágicos.

Controlar a ira nos torna mais fortes, pois este sentimento é a manifestação primitiva do homem carnal, selvagem. Peçamos a Deus o autodomínio e nos tornaremos fortes e equilibrados para enfrentar qualquer situação. O mar pode rugir batendo suas ondas, porém sejamos como a rocha que, impassível, suporta a investida do mar.

"Pela terceira vez, Jesus lhe perguntou: Simão, filho de João, tu me amas?"
João 21:17 - primeira parte

Amando a Cristo

Quando Jesus fez esta pergunta a Pedro, este já havia ressuscitado. Jesus estava com seus discípulos dias antes de subir aos céus. Pedro ficou triste quando Jesus lhe perguntou isso por três vezes, talvez, porque tenha se lembrado que três foram as vezes em que ele havia negado ao seu Mestre.

Por medo, vergonha e fraqueza, Pedro havia abandonado Jesus e negado qualquer envolvimento com Ele. E Jesus havia dito que isso aconteceria. Pedro chorou amargamente de arrependimento, acreditando que não teria uma nova chance, quando Jesus morreu.

Porém, seu Mestre ressuscitara e estava com eles. Jesus conhecia o coração de Simão e sabia que estava diferente. Simão respondeu:

- Senhor, Tu sabes de tudo, Tu sabes que eu Te amo.

Jesus sorriu e disse:

- Apascenta as minhas ovelhas.

Jesus, agora, pergunta para você:

- Tu me amas?

Se você, como Pedro, negou ser cristão, não se atreveu a falar da palavra de Deus por vergonha, preocupado com o que os outros iriam pensar, por medo de perder uma colocação no trabalho por lhe julgarem fanático; por fraqueza; por não ousar, consolar, orientar ou simplesmente por não ter orado por aquela pessoa que precisava tanto, porque você não achou conveniente, tenho uma boa notícia para você:

Jesus ressuscitou! Hoje Ele vive ao seu lado e, ao mesmo tempo, dentro de você. Busque uma nova oportunidade. Ele lhe pergunta mais uma vez:

- Tu me amas?

Se você acredita Nele, atreva-se a cumprir o pedido que Ele faz:

- Apascenta as minhas ovelhas, ou seja, cuide, ame e fale da minha palavra para as pessoas ao seu redor.

"Porque todas as coisas cooperam para o bem dos que amam a Deus."
Romanos 8: 28

A Certeza do Justo

Durante nossa caminhada rumo aos objetivos, deparamo-nos com situações inesperadas. Pessoas atravessam nossa estrada com problemas e desafios que pedem resposta ou solução. Costumamos desanimar, sentir irritação, ansiedade ou até desespero diante de tais acontecimentos. Nessa hora, é de suma importância atentar para esta afirmação da palavra de Deus.

"Todas as coisas cooperam para o bem dos que amam a Deus". Grifei essas palavras, pois servem para modificar nosso modo de ver, quebrar paradigmas que, muitas vezes, impedem ou atrasam nosso desenvolvimento a partir do momento em que aprisionam nosso raciocínio nos problemas e atrapalham o nosso despertar para as soluções. Encaremos do seguinte modo: se os problemas vêm ao nosso encontro é porque temos capacidade de solucioná-los. Não devemos fugir dos desafios; eles existem para testar nossa capacidade de reação, criatividade, resistência, superação e maturidade.

Devemos agradecer as oportunidades que se apresentam, sejam elas fáceis ou difíceis. Eu costumo pensar que quanto mais difícil, melhor, afinal, o fácil, qualquer um realiza. Nossa disposição mental em aceitar e até se alegrar com as dificuldades prepara-nos para produzir o que temos de melhor e surpreender com o resultado.

Deus tem prazer em cuidar de nós, porém, seu tratamento inclui preciosas lições que devemos aprender. Essas lições podem vir em forma de lutas, perdas ou momentânea tribulação, que gerarão um peso de glória excelente. Orgulhe-se de cada dificuldade vencida!

"O senhor te porá por cabeça e não por cauda,
e só estará em cima e não debaixo, se obedecer aos mandamentos do senhor,
teu Deus, que hoje te ordena para guardá-los e cumprir"
Deuteronômio 28:13

Poder e Autoridade

A palavra de Deus é bem clara e objetiva. Ela promete poder e autoridade aos que obedecem aos mandamentos do Senhor. A autoridade e o poder prometidos por Deus vão além do poder posicional. Fala sobre autoridade moral e poder pessoal. Muitas pessoas podem ter poder posicional e não ter poder pessoal; outras podem ter poder pessoal sem necessariamente ter uma posição de comando.

As bênçãos de Deus advindas da obediência da sua palavra cercam, invadem e fortalecem o cristão de tal maneira que o transformam. Estar no centro da vontade de Deus e se conduzir segundo os seus ensinamentos dão autoridade moral, afinal, este cristão se porta de forma diferente: seu comportamento é ético, suas palavras são suaves, sábias e seu vocabulário é decente.

Seus valores são permanentes, seu senso de justiça é verdadeiro e sua ousadia é equilibrada com a prudência. O poder pessoal de um cristão verdadeiro se faz notar por todos. Independentemente da posição de comando, ele age com princípios de um líder.

Tais atributos conduzem facilmente um servo obediente a posições de comando, onde devidamente testado faz sobressair ainda mais a promessa de Deus em sua vida. A palavra de Deus se cumpre para os que têm fé e obedecem. Seja um deles.

"Ele é como árvore plantada junto à corrente de água que,
no devido tempo, dá o seu fruto e cuja folhagem não murcha e
tudo quanto ele faz será bem-sucedido."
Salmo 1:13

O Justo

Esta palavra do salmista refere-se ao homem que não se detém no mau caminho, antes obedece à palavra de Deus. Todo tempo ele medita sobre a razão e a recompensa de andar segundo a vontade de Deus e tem seu comportamento e seus negócios segundo os mandamentos do Senhor.

A promessa de sucesso é a conseqüência dessas ações. Um cristão age com honestidade, senso de oportunidade equilibrado com senso de justiça, generosidade e prudência. Tem seus negócios abençoados, pois seu consultor é o Senhor e seu guia de boas práticas é a Bíblia.

Ele não é abalado por circunstâncias adversas, pois vive pela fé. Cada dificuldade é encarada como desafio a ser vencido; porém, o cristão não está só. O seu Deus é o sócio, companheiro e defensor, que abre todas as portas no momento certo. Dá fruto na estação própria, porque ele aguarda o tempo determinado e não se deixa abater pela ansiedade ou preocupação, age com a consciência de que não haverá motivo que o fará desfalecer.

Sua convicção é alimentada diariamente e ele está atento aos mínimos detalhes. Consegue enxergar os desígnios de Deus para sua vida e discernir os caminhos a seguir e as companhias que deve ter. Por fim, sabe que o seu sucesso tem um propósito: engrandecer o nome do Deus a quem serve. Portanto, não sente vergonha de testemunhar que tudo o que possui e realizou não foi conseqüência apenas de seu talento e esforço, teve sim a orientação de Deus.

"Põe em ordem a tua casa, porque morrerás e não viverás."
Isaías 38:2

Colocando a Vida em Dia

Deus enviou o profeta Isaías com uma dura mensagem para o rei Ezequias: ele iria morrer. Porém, como o rei Ezequias era um rei justo, temente a Deus e obediente à Palavra do Senhor, foi avisado de que deveria colocar as pendências em dia, para então, com o dever cumprido e a consciência e o coração em paz, poder partir.

Se Deus lhe enviasse uma mensagem semelhante agora, pense bem, o que você precisaria colocar em ordem? Aquele passeio com a família? Conversar e perdoar alguém? Resolver aquela pendência que o incomoda e você vai empurrando? Entrar em contato com uma pessoa querida, tão distante que sempre fica para depois? Alguma conta que tira o seu sono e você se acovardou em negociar? A conversa sincera que você precisa ter com seu esposo, esposa ou filhos?

Acreditamos que temos muito tempo para viver, que não faltarão oportunidades para resolver todas as pendências. No entanto, muitas vezes somos surpreendidos com a perda de pessoas com as quais tínhamos pendências e não resolvemos. Analise bem a sua vida. Existe alguma pendência? São várias? Enumere e procure resolvê-las, afinal, não sabemos quando e onde terminará nossa vida e precisamos estar preparados.

Quando me deparei com pessoas em estado terminal, algumas desejavam ardentemente uma oportunidade para reparar erros, falar com pessoas e mudar situações, só que já era tarde demais. Comece hoje, peça a Deus sabedoria, coragem e persistência para realizar tudo o que você precisa para colocar "a tua casa" em ordem. Que o Senhor te abençoe.

"Assim, porque és morno,
e não és frio nem quente,
vomitar-te-ei da minha boca."
Apocalipse 3:16

Combatendo a Hipocrisia

Estas palavras do livro de Apocalipse eram dirigidas à igreja de Laodicéia, uma das sete igrejas da Ásia. É uma dura repreensão de Deus; ele abomina a hipocrisia, pessoas que não se definem, não tomam uma decisão definitiva quanto à sua fé e ao seu comportamento.

Essas pessoas agem segundo suas conveniências, fechando os olhos diante de erros e injustiças se, de alguma forma, forem beneficiadas. Têm um discurso de justiça, mas são vítimas da cobiça ou da avareza, falam de amor, mas se recusam a sacrificar seu conforto e rotina para dedicar algum tempo ao próximo, se isso exigir uma freqüência maior do que a "campanha natalina", onde todos procuram demonstrar que são caridosos.

São pessoas vaidosas de sua reputação diante da sociedade, porém mudam suas atitudes em cada roda que freqüentam, por vezes, assumindo um comportamento não recomendável só para agradar ou impressionar outras pessoas, dando até mau exemplo ou mau testemunho da fé que dizem possuir.

Deus se envergonha de pessoas que escandalizam o seu evangelho. Precisamos vigiar nossas ações e palavras. Devemos ter coragem de assumir a nossa fé e defender o que cremos em qualquer situação ou lugar, mesmo que isso signifique desagradar alguém ou perder o que quer que seja. Deus foi bem claro: defina-se! Frio ou quente. Morno jamais!

"Clama a mim e responder-te-ei
e anunciar-te-ei coisas grandes e firmes,
que não sabes."
Jeremias 33:3

Um Convite de Deus

Esta palavra é um maravilhoso convite de Deus para você. Ele quer que você o busque, pergunte, peça e depois ouça. Deus terá imenso prazer em revelar para você as dificuldades, os perigos e as tentações que irá enfrentar e, juntamente, dirá também como venceu tudo isso.

Quer meditar sobre algo fantástico? Deus é eterno e sempre presente. Ou seja, o tempo não existe para Ele. Imagine que Deus está nos vendo ser gerados, nascer, crescer, está vendo você agora enquanto lê este livro, observando você em várias fases da sua vida e sua morte. E tudo ao mesmo tempo!!! Ele conhece todos os nossos passos, sabe o que vamos dizer e o que vai acontecer.

Como Deus concedeu a todos nós o livre-arbítrio, não interfere em nossas decisões ou situações, porém seu amor por nós é tão imenso que Ele deseja a nossa felicidade. Portanto se coloca à nossa disposição.

Busque-o em oração, peça o seu conselho, chame por socorro, pergunte a direção ou decisão a tomar. Deus anunciará a você coisas grandes e firmes. Foi o que Ele prometeu, e quando promete, cumpre. Ele está no futuro, conhece o caminho que percorremos e sabe o resultado, pode e quer influenciar a sua vida.

Se você quer ser feliz e bem-sucedido, fazer o que é certo, justo e verdadeiro busque e pergunte a Deus. Tenho certeza de que Ele responderá e certamente lhe surpreenderá. Ouça, acredite e obedeça, pois, assim procedendo, você só terá que agradecer e testemunhar da razão de sua vida vitoriosa, além de ensinar aos outros a fonte, a palavra do seu Deus.

"Eu, eu mesmo, sou o que apago as tuas transgressões por amor de mim e dos teus pecados me não lembro."
Isaías 43:25

Perdoando a Si Mesmo

O perdão é uma força libertadora; é a oportunidade de transformação, de reconciliação, de uma nova vida. Quando acreditamos no poder do perdão de Deus, os pecados perdem a força ou influência sobre nossa vida. Todos os erros que cometemos são apagados pelo sacrifício pago por Jesus na cruz e pelo sangue de Cristo somos lavados de toda a impureza.

Pela fé tomamos posse desse perdão e nossa vida segue novo rumo. No entanto, durante nossa caminhada, encontramos pessoas que lançam em nosso rosto pecados cometidos, erros antigos, querendo magoar ou envergonhar, tentando nos convencer de que continuamos os mesmos. Nesse momento, devemos lembrar desta promessa de Deus: "Eu, eu mesmo, sou o que apago as tuas transgressões por amor de mim e de teus pecados me não lembro".

Ora, se Deus, que é o justo juiz, disse que os seus pecados foram apagados, trate de esquecê-los você também! E mais, diga sempre esta promessa a qualquer pessoa que fala sobre sua antiga vida. Você é uma nova pessoa, seus atos e palavras devem ser julgados a partir do agora.

Assim como águas passadas não movem moinhos, o passado é passado, deve ficar no passado. Para que esta verdade ganhe força em sua vida, a primeira pessoa que deve acreditar neste perdão é você mesmo. Perdoe-se e esqueça definitivamente do seu erro. Seja uma pessoa diferente e ninguém jamais poderá dizer o contrário. Deus já fez a parte dele; faça você a sua.

"Então, Pedro, aproximando-se dele, disse:
Senhor, até quantas vezes pecará meu irmão contra mim e eu lhe perdoarei?
Até sete? Jesus lhe disse: não te digo que até sete, mas até setenta vezes sete."
Mateus 18:21 e 22

Perdoando ao Próximo

Quando somos traídos, feridos ou magoados por alguém, sentimos ira, rancor, mágoa e até ódio. Estes sentimentos são venenos para a nossa alma, roubando a paz de espírito e a alegria de viver.

Freqüentemente, recordamos o fato ocorrido toda vez que vemos a pessoa ou mesmo quando o seu nome é mencionado. Tal situação agrava ainda mais a nossa vida, pois o ir e vir dessa lembrança só aumenta, causando assim desconforto, causando muitas vezes doenças de fundo emocional. Afinal, um caso mal resolvido, sem um fim, ecoa em nossa mente, coração e acaba refletindo até no nosso corpo.

Liberte-se!!! Não perdoar faz mal!!! Em alguns casos, a pessoa nem se lembra mais do ocorrido e só você está sofrendo, remoendo as conseqüências. O poder curador do perdão está disponível para você? Peça ajuda a Cristo, que mesmo sendo ultrajado, torturado, abandonado e traído, perdoou a todos.

Acredito sinceramente que nada pode impedir você de perdoar, a não ser a sua vontade. Portanto, siga o conselho de Jesus: perdoe.

Caso a pessoa que você perdoou continue agindo de forma errada, o problema não é mais seu: é dela. Quando você perdoa, quebra os laços nocivos da vingança, da revolta, da maldade, ficando assim de alma livre e coração limpo.

Quantas vezes você deve perdoar? Quantas forem necessárias, porque assim como nós também erramos e precisamos de compreensão e perdão, devemos usar esta mesma medida com o nosso próximo. Perdoe e seja feliz.

"E disse a Jesus: senhor lembra-te de mim, quando entrares no teu reino. E disse-lhe Jesus: em verdade te digo que hoje estarás comigo no Paraíso."
Lucas 23:42 e 43

Jesus - Perdão ao Alcance de Todos

Jesus fez esta afirmação para o ladrão que estava na cruz ao seu lado, no Monte Gólgota. O desejo de todos é ter a certeza de que, no final de nossa vida, iremos ao encontro de Jesus no céu. No entanto, passamos a vida inteira duvidando. Em um momento acreditamos merecer; em outro nos achamos pecadores demais para receber tal dádiva.

A boa notícia é que Jesus deseja salvar a todos, resgatar cada um dos braços da morte e da condenação para o seu reino de amor. Jesus livrou Maria Madalena de morrer apedrejada por ter sido apanhada em adultério. Ele desafiou a cada pessoa ali presente a atirar a primeira pedra, se não tivesse pecado. Quando todos se retiraram, Ele ordenou a Maria Madalena: "Vai e não peques mais." Maria Madalena teve uma nova chance e abraçou essa oportunidade. Transformou-se em uma nova mulher.

O caso do ladrão na cruz nos mostra que ele estava sendo crucificado porque deve ter sido um criminoso tão cruel que a morte deveria ser a sua sentença. Ao se encontrar ao lado de Jesus, ele reconheceu seus pecados e, quando o outro ladrão desafiou Jesus, duvidando de sua divindade, repreendeu-o.

Diante do sacrifício de Jesus, o ladrão se comoveu, arrependeu-se de suas maldades e, diante da impossibilidade de uma nova chance, implorou a misericórdia de Jesus. O Mestre que sonda os corações, sentiu a sinceridade daquele ladrão e perdoou seus pecados, livrando-o, na hora da morte, da condenação eterna.

Somos pecadores, precisamos reconhecer a nossa condição, nos arrepender e abandonar nossas práticas erradas. Pedir o perdão de Jesus e tomar posse deste perdão pela fé. E, assim como Maria Madalena, viveremos uma nova vida, e como o ladrão na cruz, não importando o tamanho do pecado, seremos perdoados e arrebatados por Jesus das garras da condenação para a certeza da salvação.

*"Naqueles dias, Judá será salvo e Jerusalém habitará seguro e
este é o nome que lhe chamarão:
o Senhor é nossa justiça."
Jeremias 33:16*

Entre a Justiça e a Vingança

Em muitas ocasiões sofremos com injustiças, golpes desferidos de forma traiçoeira de pessoas que consideramos ou estimamos. Somos permanentemente colocados em situações de disputa, onde precisamos provar nossa competência ou valor. Para garantir sucesso, dinheiro, posição social ou qualquer tipo de vantagem, ensinam-nos que todo o esforço é válido e os fins justificam os meios. Motivados por este lema, os adversários não vacilam e agem.

Você já sofreu algum tipo de injustiça? Levantaram falso testemunho sobre você? Mentiram para prejudicá-lo? Traíram sua confiança? Tiraram de você algo que era valioso? Passaram você para trás? Trapacearam? Não deixe que o desejo de vingança tome conta do seu coração. Não beba deste veneno que estraga a sua paz, mexe com seu raciocínio e prejudica a sua vida. Deus é a perfeita justiça e é a Ele que você deve recorrer quando for injustiçado.

Lembre-se: a "mão" de Deus é mais pesada que a sua. A Ele cabe julgar e dar a sentença. Quando somos movidos pelo desejo de "desforra", vingança, ou seja, "dar o troco", perdemos a razão e por vezes nos igualamos à pessoa que cometeu o ato injusto.

Deus é a nossa justiça, Ele protege e defende os seus. Crendo nesta verdade, você toma posse deste direito, o Senhor será o seu defensor e resgatará a sua dignidade, a sua serenidade, a sua honra e para o que é certo, para a sua felicidade.

É melhor deixar que as pessoas deste mundo pensem que são espertas e ficarão impunes, do que tentar fazer justiça com as próprias mãos e piorar as coisas. Deus vê tudo que você está passando; se você crer e permitir que Ele aja, se surpreenderá com o resultado.

Caso tenha dúvidas, leia a história de José do Egito. Ele sofreu traição por parte dos irmãos, falso testemunho da mulher do seu senhor, foi preso sendo inocente. Mesmo com todas essas injustiças, ele confiou em Deus e deixou que o Senhor cuidasse de tudo. Quando ele se tornou o braço direito do faraó, teve ainda a chance de se vingar, mas preferiu perdoar. Siga o exemplo de José e deixe que Deus faça justiça por você.

"E disse: nu, saí do ventre de minha mãe e nu tornarei para lá;
o Senhor o deu e o Senhor o tomou;
bendito seja o nome do Senhor."
Jó 1:21

Adorando a Deus na Adversidade

O maior exemplo de paciência, confiança e adoração na dificuldade é o de Jó. Homem rico, saudável, pai de belos e saudáveis filhos, teve a sua vida repentina e tragicamente transformada, perdendo tudo o que possuía.

Num certo dia, estava Jó em sua casa quando vieram as trágicas notícias: parte de seus rebanhos foi roubada por bandidos; parte dizimada por fogo vindo do céu e seus empregados assassinados; um vento forte derrubou a casa onde seus filhos estavam reunidos e todos morreram soterrados. Tudo de uma só vez!

Por muito menos, qualquer pessoa ficaria revoltada, desesperada e começaria a praguejar e maldizer a sua vida. Jó, no entanto, agiu de forma surpreendente: reconheceu a soberania de Deus, e o adorou. Recebeu as bênçãos e as adversidades com o mesmo espírito de desprendimento e gratidão.

Jó não procurou saber de Deus o motivo de tudo aquilo; simplesmente aceitou e compreendeu que a vontade de Deus é perfeita e que alguma coisa ele aprenderia com tudo o que tinha acontecido. O mal que havia provocado aquilo, com o firme propósito de fazer Jó se revoltar contra Deus, não se deu por satisfeito com a fidelidade de Jó e pediu a Deus permissão para tocar no corpo do homem com doenças.

Deus permitiu e Jó foi ferido por uma doença que lhe produziu feridas desde a planta dos pés até o alto da cabeça. Três amigos foram visitar Jó para consolá-lo, mas, vendo a situação em que ele se encontrava, raspando as feridas com um caco de telha, não tiveram palavras e choraram.

O que você faria no lugar de Jó? Nos dias de hoje vemos pessoas amarguradas e revoltadas, amaldiçoando o dia em que nasceram e a vida que levam, e tudo isso por pequenos contratempos: desemprego, brigas familiares ou prejuízos financeiros. Tudo isso é passageiro, podendo ser apenas um teste para nossa fé. Por vezes, somos provados e, nessas horas, nossa natureza se manifesta e nossa fé também.

Adoramos a Deus por tudo que temos? Adoraremos a Deus se perdermos o que temos? Amamos a Deus por ser quem Ele é ou pelo que Ele nos dá? Pense no exemplo de Jó e siga o seu ensinamento. Adoremos a Deus todo o tempo. Jó foi recompensado por sua fidelidade e nós também seremos.

"O anjo do Senhor acampa-se ao redor dos que o temem e os livra."
Salmo 34:7

A Proteção e o Livramento de Deus

Hoje se fala muito em segurança. Vivemos constantemente com medo de assaltos, seqüestros, atentados, violência de todo tipo. A indústria da segurança não pára de crescer, criando alarmes, dispositivos, vidros e carros blindados, câmeras e segurança particular.

Mas será que tudo isso nos garante a sensação de bem-estar e segurança de que tanto precisamos? A paz de espírito e o coração tranqüilo são provenientes de uma segurança interior. Deus recomenda que sejamos prudentes para não ficarmos em situação de risco, porém temos uma certeza: "Deus, o Senhor, é quem te guarda: O Senhor é a tua sombra a tua direita".

Por vezes ficamos em pânico diante da perspectiva de perigo. Lembre-se: Deus nos livra do perigo, mas também nos livra no perigo. Um exemplo claro aconteceu com Daniel. Deus não impediu que Daniel fosse lançado na cova dos leões, mas enviou um anjo para fechar a boca do leão na cova onde estava Daniel. Deus permitiu que os amigos de Daniel fossem lançados na fornalha ardente. Porém, enviou um anjo para estar com eles dentro da fornalha e as chamas não fizeram nenhum mal aos jovens.

Não estou dizendo que a partir de agora você vai sair por aí, por lugares suspeitos, sozinho, altas horas da noite e que Deus vai lhe proteger. Não deve "tentar a Deus"; a promessa é que Ele lhe guardará em todos os seus caminhos: no trabalho, na ida à escola, retorno para casa, passeio com a família, viagens de trabalho.

"O Senhor guardará sua entrada e sua saída desde agora e para sempre" Salmo 121:8. O mal existe, a violência é um fato, mas creia que Deus protege você e sua família e viva melhor. Semeie no coração dos seus filhos a confiança do Senhor.

"... porém eu e minha casa serviremos ao Senhor."
Josué 24:15 - última parte

Fidelidade em Família

Na família moderna, seus membros passam pouco tempo juntos. O pai trabalha, a mãe também, o filho estuda e, quando chega a noite, estão todos cansados e cada um vai para o seu lado. A televisão, a internet e os jogos eletrônicos substituíram o convívio, o diálogo, o encontro.

Se nós observarmos, antes da invenção da televisão, os estofados da sala eram dispostos um em frente do outro. Afinal, na sala de visitas davam-se os encontros, as histórias, as conversas. E por falar em conversa, os jovens se relacionam agora "na rede" através de sites e do orkut. Falta contato humano, falta troca de experiências, falta ensinamento de valores. O pai de família se vê diante do desafio de manter uma família saudável e equilibrada em meio a um mundo violento, corrupto e caótico.

Josué, um pai de família de Israel, vivendo em um território hostil, corrupto, violento e sem valores, declarou: "Eu e minha casa serviremos ao Senhor." A família precisa se estruturar com bases éticas e morais sólidas. A necessidade de estabelecer valores que moldem o caráter dos filhos para viver em sociedade e os preparem psicológica e espiritualmente para os desafios que virão, leva o pai a assumir uma atitude que promoverá essas mudanças: unir sua família em torno da palavra de Deus.

Não há limites de idade para compreender e praticar os mandamentos de Deus. Está ao alcance de toda família conhecer a vontade de Deus para cada integrante e o papel de cada um dentro e fora de casa. Vivemos em constante mudança: planos econômicos, moda, costumes, política, comportamento na sociedade.

Só uma coisa não deve mudar: as bases para uma vida equilibrada, saudável e feliz em família estão nos ensinamentos de Deus, pois Ele é o mesmo ontem, hoje e eternamente. Ensine e pratique a palavra de Deus em seu lar. Seus familiares um dia saberão a importância de sua determinação e lhe agradecerão.

"E vos revistais do novo homem que,
segundo Deus,
é criado em verdadeira justiça e santidade."
Efésios 4:24

Ano Novo, Novo Homem

No início do ano fazemos planos e estabelecemos metas. É um novo regime, a conquista do carro ou da casa nova, a tão sonhada viagem, um curso, mudança de emprego ou até uma nova carreira. Criamos expectativas de que vai ser tudo diferente e melhor.

Dificilmente, pensamos em mudanças internas. Estamos preocupados com o exterior, aparência, posses, desempenho profissional, ou seja, com tudo que o mundo possa ver e julgar como sendo nosso sucesso. Ao terminar o ano, esses serão os fatores contados e, se o resultado não for o esperado, jogaremos para o ano que vem a esperança de realizar o que faltou. Que tal agirmos neste ano de forma diferente?

"Mas buscai primeiro o reino de Deus e a sua justiça e todas estas coisas vos serão acrescentadas." Mateus 6:33. Precisamos ser novos como o ano que está começando.

Vamos esvaziar nosso coração de mágoas e rancores, esquecer fracassos e temores, abandonar hábitos e vícios que impedem o nosso crescimento pessoal. Vamos virar a página de nossa vida e escrever uma nova história, só que desta vez, com Deus no comando. Iniciaremos esta página em branco com o firme compromisso de sermos um novo ser, renovados(as) de dentro para fora, nascidos(as) de novo, seguindo um novo padrão, com novas metas.

Um novo homem, gerado em novidade de vida, com justiça, santidade, compaixão e amor a Deus e à Sua palavra. Tenho certeza de que as bênçãos de Deus serão os resultados de nossas vidas, afinal, nenhuma promessa que está escrita na Bíblia falhará. Sucesso! Com Jesus, é claro!

"Lembrai-vos da mulher de Ló."
Lucas 17:32

O Destino da Mulher de Ló
Apego ao Passado

Ló morava em Sodoma, uma cidade dominada pelas maldades humanas, onde imperava a corrupção, luxúria, violência e toda sorte de crueldades e perversões. A cidade era tão pecaminosa que Deus decidiu destruí-la, juntamente com todos os seus habitantes. Todos, menos Ló e sua família, aos quais Ele enviou dois anjos com a missão de retirá-los antes que sua sentença se cumprisse sobre Sodoma.

Deviam sair de casa, com o que pudessem carregar pelas montanhas, apenas com o necessário para a sobrevivência, deixando para trás: parentes, vizinhos e bens. Afinal, o que importava era salvar a própria vida e a principal recomendação era não olhar para trás. Saindo apressados, Ló, a mulher e suas duas filhas, subiram as montanhas para escapar do destino reservado aos cidadãos de Sodoma. A mulher, porém, desobedeceu à ordem de Deus e olhou para trás. Quis ver a cidade e foi convertida em uma estátua de sal.

Jesus citou o exemplo da mulher de Ló como um alerta a todos os que são apegados à sua vida: títulos, posição, posses e carreira. Quando Deus ordena ao homem mudar, sair de onde está, a razão é simples: quer salvar a vida desse homem, antes que sua alma se corrompa, seu corpo se prostitua e sua vida se perca.

A mudança só é bem-sucedida quando o homem abandona as velhas práticas e companhias e segue em frente, obedecendo à ordem de Deus. A determinação de não olhar para trás significa impedir que o apego ao passado venha atrapalhar essa mudança. Nada neste mundo é mais importante que a vida. Nenhuma riqueza é maior que a alma humana. Nenhum sucesso, por maior que seja, poderá pagar a sua salvação. Avalie o que Deus pede para você e, decididamente, siga a direção que Ele determinou. E não olhe para trás.

"A salvação vem do Senhor, sobre o teu povo seja a tua bênção."
Salmo 3:8

"Porque o Filho do homem veio salvar o que se tinha perdido."
Mateus 18:11

Salvação

Entendemos salvar como sendo o ato de livrar alguém de um perigo ou até da morte. Muitas pessoas usam a palavra salvação e não fazem idéia da abrangência e profundidade dela. Quando Deus fala sobre salvação, ela se reveste de especial importância para o homem. Salvar não é só livrar da morte física. Quando Deus fala em salvar, o seu significado vai mais além.

A salvação de Deus inclui:

1 • Libertar o homem de uma vida de pecados, ou seja, de práticas condenáveis, vícios e crimes. E esta libertação ocorre porque a salvação de Deus ocasiona a transformação do homem de índole má, com a inclinação para o erro em um novo homem, sobre o qual a influência do pecado não exerce mais o seu poder.

2 • Sustentar a vida desse homem no novo caminho. Deus abençoa de tal maneira o homem a quem Ele salva que não faltará proteção, orientação, provisão, paz, perdão e a verdadeira alegria, a alegria de ser salvo.

3 • A vida eterna. Além desta vida, o salvo por Cristo ainda tem a garantia da vida eterna. Ele veio para salvar toda a humanidade, ou seja, eu e você estamos na lista. Não por nosso mérito, mas pelo Amor de Deus por nós.

O que precisamos fazer é simples: crer e aceitar esta salvação. Temos a garantia de que jamais seremos rejeitados e que a nossa salvação é real, completa e por toda a eternidade. Uma vez salvos, nada nem ninguém poderá nos afastar de Deus e de Sua salvação. Estaremos seguros hoje e sempre.

"Abstende-vos de toda a aparência do mal."
1º Tessalonicenses 5:22

Evitando a Aparência do Mal

O conselho de Paulo é muito atual e de vital importância na sociedade em que vivemos. Quando ele recomenda abster-se, quer dizer: deixar de ter, deter ou impedir que alguma situação, comportamento, atitude ou palavra do cristão seja motivo de escândalo ou mau testemunho para outras pessoas.

Sabemos que boatos maldosos, fofocas, informações mentirosas, infundadas ou distorcidas já destruíram reputações, carreiras e até lares de pessoas inocentes. Paulo pede que sejamos prudentes e que evitemos:

• Situações embaraçosas, segundo os padrões éticos e morais;

• Pessoas de caráter duvidoso, maliciosas ou de comportamento indecente;

• Trajes e linguagem que conflitem com o exemplo uma pessoa que se diz cristã e que quer dar bom testemunho.

Por melhor que seja a nossa intenção de agradar e querer ser amado, aceito e respeitado em qualquer grupo social, somos uma vitrine para as pessoas e, em todos os dias, somos vistos e julgados por elas. Devemos pedir sabedoria a Deus para que, a cada dia, em qualquer lugar e em todos os instantes, possamos dar o bom testemunho de que somos cristãos justos, honestos, santificados, compassivos, pacientes, educados, responsáveis, respeitadores e fiéis, tementes a Deus e cumpridores de Sua Palavra.

Agindo assim, nosso exemplo será a melhor pregação para o mundo do poder transformador da salvação de Cristo. Fuja da armadilha de querer ser "popular" e impressionar as pessoas. Queira mais agradar a Deus.

"Conheçamos e prossigamos em conhecer ao Senhor: como a alva será a sua saída e Ele a nós virá como a chuva, como chuva serôdia que rega a terra."
Oséias 6:3

Conhecendo Deus

Hoje eu quero fazer-lhe um convite: vamos conhecer melhor a Deus? Sabemos que existem três formas de conhecer uma pessoa:

1 • Lendo alguma coisa sobre ela;

2 • Ouvindo informações de outras pessoas a respeito dela;

3 • Conversando com a pessoa.

Podemos conhecer Deus lendo na Bíblia sobre o seu caráter, bondade, santidade e amor. Podemos ouvir uma pregação onde aprenderemos ainda mais, descobriremos que uma mesma passagem da Bíblia pode ter várias interpretações e múltiplas lições para a nossa vida e o quanto Deus nos conhece e que tão pouco sabemos sobre Ele.

E, por fim, quando você resolver conhecer a Deus pessoal e diretamente, e quiser uma maior afinidade, compreensão e intimidade com Ele, o meio será uma comunhão com o Senhor através da oração. Nesse momento, Ele se aproximará e, de maneira única e particular, revelar-se-á a você.

O profeta comparou este momento com a descida da chuva para falar da vida, da fartura e do poder de trazer refrigério, o que só uma chuva pode fazer pela terra seca. Assim é Deus. Ele preenche todos os espaços do seu ser, trazendo vida com abundância, eliminando medos, limpando marcas do passado, dando conforto à alma cansada e consolo ao espírito abatido. Purificando o seu coração, inundando o seu ser com Amor infinito e paz completa.

A cada dia de diálogo com Deus, Ele seguirá lhe fortalecendo, encorajando-o, aconselhando-o e abençoando-o. À medida que for maior a sua amizade com Deus, você poderá perceber a grandeza e o poder do Pai celestial; de Jesus, o bom Pastor, e do Espírito Santo, o consolador.

"Eu amo aos que me amam aos que de madrugada me buscam me acharão."
Provérbios 8:17

A Hora Perfeita

Eu costumo dizer que toda hora é propícia para buscar a presença de Deus, mas a madrugada parece ser a hora perfeita. Enquanto todos dormem, a correria e o barulho da vida diária não lhe atrapalham. O silêncio e a paz são os companheiros da madrugada: são os companheiros ideais. Nessa hora não há pressa, você está atento e pronto para conversar e receber as instruções de Deus que guiarão os seus passos durante o decorrer do dia.

No silêncio da madrugada, os seus sentidos estão mais apurados, a alma preparada e o coração sereno. No entanto, se estiver aflito com algum problema, a madrugada é o momento ideal para se abrir com Deus, desabafar as mágoas, expor os temores, buscar consolo e conselho. De madrugada não há concorrência pela sua atenção; Deus tem você só para Ele e você sabe que Ele está atento a cada palavra sua.

Iniciando o dia com Deus, você recebe autoridade espiritual, serenidade, confiança, orientação e resposta. Pode parecer um pequeno sacrifício para quem gosta de dormir "mais um pouquinho"; porém, eu afirmo que vale a pena. Afinal, toda realização exige de nós um esforço. Lembre-se: não existe vitória sem luta, intimidade com Deus sem busca, constante, incessante e determinada.

"Então veio o Senhor e ali esteve e
chamou como das outras vezes: Samuel, Samuel.
E disse Samuel: fala, senhor, porque o teu servo ouve."
1º Samuel 3:10

Ouvindo Deus

É importante atentar para os versículos anteriores e reparar que Samuel não percebeu de imediato que, quem falava, era o Senhor. A Palavra de Deus explica no versículo sete que "Samuel ainda não conhecia ao Senhor e ainda não lhe tinha sido manifestada a palavra do Senhor".

Essa falta de "experiência com Deus" fez com que Samuel se dirigisse três vezes a Eli, o sacerdote do templo, achando que era ele quem o chamava. Quando Eli compreendeu que era Deus quem chamava Samuel, pediu que o menino respondesse que estava ouvindo. Assim, Samuel poderia saber o que Deus queria com ele.

Hoje em dia não é diferente. Quando Deus quer falar, enfrenta várias situações:

1 • Descrédito - muitas pessoas acham que é "fruto da imaginação" ou estão "malucas" ouvindo vozes;

2 • Confusão - no caso de Samuel, ele achou que era Eli quem o chamava. As pessoas que não conhecem Deus acham que é um "ente querido falecido", um anjo e tantos outros pensamentos errôneos e antibíblicos; alguns acham até que estão falando com o seu Eu.

Até mesmo o cristão que lê a palavra de Deus sabe que o Senhor, Jesus Cristo e o Espírito Santo são poderosos e podem falar com o homem. Acreditam nessa possibilidade, mas quando se trata de vivenciar essa realidade, alguns têm medo, dúvida ou até vergonha do que os outros vão dizer.

Em primeiro lugar, quando oramos, não estamos realizando um monólogo e sim um diálogo com Deus. E, em um diálogo, as duas pessoas ouvem e falam. Precisamos aprender a ouvir mais do que falar. Para isso, Deus nos deu uma só boca e dois ouvidos. Esteja disposto a "conversar" com Deus, crendo que Ele responderá. Não espere longos discursos. Deus, às vezes, diz tudo que precisamos, usando uma só palavra. Precisamos atentar para os significados.

Quando a voz de Deus for ouvida, ela poderá ecoar dentro de você. Afinal, o seu espírito se comunica com o Espírito de Deus. Não é truque ou imaginação, tampouco loucura. Deus fala ao cristão desejoso de ouvir a Sua voz e as Suas palavras.

"Venha o teu reino, seja feita a tua vontade, assim na terra como no céu."
Mateus 6:10

A Vontade de Deus

Quantas vezes repetimos o versículo acima ao orarmos o Pai Nosso e não prestamos atenção no que estamos dizendo? Pedimos a Deus que faça a vontade Dele em nossas vidas e, no entanto, queremos que Deus faça a "nossa" vontade.

Quando oramos, na maioria das vezes, é para pedir que o Senhor opere milagres, dê libertação, curas e vitórias e não perguntamos se o que queremos está de acordo com o que Ele quer para nós. É claro que Deus quer que seu povo seja feliz, saudável e próspero, porém, seguindo às Suas orientações, andando nos Seus caminhos e fazendo a Vontade Dele.

Quer alguns exemplos? Uma pessoa pede a Deus que lhe dê saúde, mas se recusa a deixar vícios que a prejudicam, como o cigarro, o álcool e outros. Outra pede que Deus a abençoe financeiramente, mas não segue as orientações da Bíblia, age de forma irresponsável, ilegal ou imprudente com as finanças. Por vezes pedimos a Deus uma bênção e não a alcançamos; dificilmente paramos para refletir os motivos porque Deus não nos atendeu.

Deus nos conhece melhor do que nos conhecemos; conhece também o futuro e sabe perfeitamente do que precisamos. Nem sempre nós sabemos. Em alguns casos, atender aos desejos do nosso coração pode causar mais problemas do que benefícios. "Enganoso é o coração mais do que todas as coisas, e perverso quem o conhecerá." Jeremias 17:9.

Pedidos feitos para atender desejos, cobiças, vaidades ou até vinganças não estão de acordo com a Vontade de Deus e, se fossem atendidos, trariam infelicidades. Pense nisso antes de pedir qualquer coisa a Deus. Afine a sua vontade com a vontade de Deus e seja feliz!

"Porquanto qualquer que, entre esta geração adúltera e pecadora se envergonhar de mim e de minhas palavras, também o Filho do Homem se envergonhará dele, quando vier na glória de seu Pai com os santos anjos."
Marcos 8:38

Falando de Jesus

Eu vejo pessoas em rodinhas de amigos defendendo com muito vigor uma ideologia política, um time de futebol, um artista ou o atleta favorito. A discussão pode durar horas e o entusiasmo de cada um é cada vez maior; afinal, todo mundo quer expor sua opinião, explicar seus motivos e convencer o maior número de pessoas presentes.

Mas a conversa muda quando o assunto é defender o evangelho ou a própria figura de Jesus Cristo. Sinto que é cada vez mais raro encontrar pessoas equilibradas, sensatas, falantes e dispostas argumentando a favor da mensagem da palavra de Deus.

Alguns cristãos se sentem constrangidos ou até mesmo envergonhados quando estão no ambiente de trabalho para se posicionar, de maneira firme e decidida, sobre a razão de sua fé. Ficam tímidos e se calam, quando homens ironizam e fazem piadinhas envolvendo Jesus e a fé cristã.

Quando presenciar esse tipo de situação, procure intervir. Se possível, coloque-se de forma diplomática e sutil, mas também clara e objetiva, pois o evangelho e a figura de Cristo merecem respeito.

Em outras ocasiões, quando vir pessoas desorientadas, frustradas, adoentadas física, emocional ou espiritualmente, tenha a coragem e a disposição de falar do evangelho. Leve uma palavra de consolo e de esperança, desperte nelas a fé e o desejo de conhecer esse Jesus. Não deixe passar essas oportunidades por medo ou vergonha. Lembre-se que Deus contempla suas ações. Ele se orgulhará de seus esforços ou se envergonhará de suas omissões.

Temos uma grande responsabilidade e não podemos fugir ou fingir que ela não existe. Cristo espera que façamos a nossa parte.

"E a paz de Deus, para a qual também fostes chamados em um corpo, domine os vossos corações; e sede agradecidos."
Colossenses 3:15

A Terapia da Gratidão

Quando a paz de Deus se estabelece em nossa vida e domina o nosso coração, nossa mente se abre para compreender e fica aguçada a percepção. Passamos a considerar cada fato, cada momento e ação em nossa vida sob uma nova perspectiva.

Quando as pessoas não encontram explicações para os acontecimentos de suas vidas, costumam chamar de coincidência, acaso, fatalidade, azar ou sorte. Com base na experiência vivida de uma fé diariamente exercida, declaro que tudo que acontece, desde a gota de orvalho que cai até o movimento dos corpos celestes, existe em uma perfeita precisão da providência divina. Então, cada segundo de sua vida tem esse mesmo cuidado.

Mediante essa constatação, o coração se enche de gratidão por tantas demonstrações de amor, graça e misericórdia de Deus. Devemos reconhecer a noite que passamos tranqüilos, o dia repleto de oportunidades, a saúde, família, trabalho, amigos, o livramento do acidente, o lar conquistado, o negócio fechado e tantas outras bênçãos.

Deixando a vaidade de lado (Eu sou bom! Foi a minha inteligência que conseguiu!), exercitemos a humildade ao admitir que se Deus não nos desse vida, nada poderia ser feito.

Analisando friamente antes de reclamar de alguma dificuldade que estiver passando, recorde e enumere as várias bênçãos alcançadas, as vitórias conquistadas, os livramentos obtidos e os pequenos milagres do dia-a-dia, desde um atraso que o livrou de um acidente até a inspiração para um trabalho bem feito. A terapia da gratidão fará bem ao seu humor, ao seu espírito e à sua fé.

"Vai ter com a formiga, ó preguiçoso;
olha para os seus caminhos e sê sábio."
Provérbios 6:6

Preguiça, a Inimiga do Progresso

Quando Salomão recomendou que o preguiçoso fosse observar a formiga estava querendo apresentar um exemplo de trabalho e persistência.

A preguiça é uma inimiga do nosso desenvolvimento pessoal, da realização de nossos sonhos e do crescimento profissional e financeiro. Quando ela se instala nos tornamos indolentes, covardes diante de qualquer situação que exija esforço e trabalho. Costumamos adiar o início de qualquer tarefa e encontramos sempre uma desculpa para justificar tal atitude. Ficamos sonhando, pedindo a Deus uma bênção, querendo que o Senhor faça tudo e ainda nos dê a bênção na mão.

A formiga é minúscula, mas é determinada. Leva pesos superiores ao seu e não descansa enquanto não termina a tarefa. É organizada, disciplinada e com um senso de dever fortemente desenvolvido. Constrói uma organização onde o funcionamento é eficiente e atende à necessidade de todos. E é um inseto! Sem raciocínio, sem recursos ilimitados da ciência, sem máquinas ou tecnologia.

Você tem tudo isso à sua disposição e muito mais. O que está esperando? Acordar com o barulho de alguém realizando o que você estava sonhando fazer? Expulse a preguiça de sua vida! Inicie um trabalho e o termine para sentir a satisfação de uma realização. Não deixe de sonhar, mas trate de arregaçar as mangas e trabalhar pela realização do seu sonho. Que Deus o abençoe.

"Olhai as aves do céu que nem semeiam, nem segam,
nem ajuntam em celeiros; e vosso Pai celestial as alimenta.
Não tendes vós muito mais valor do que elas."
Mateus 6:26

Os Cuidados desta Vida

Quantas pessoas transformaram suas vidas em uma eterna corrida em busca de sucesso, dinheiro e fama e esqueceram de viver? E as pessoas que se desesperam, dia após dia, em busca de garantir a sobrevivência?

O tempo passa e só aumenta o número de homens e mulheres vítimas de doenças cardíacas, depressão, síndrome do pânico e tantas outras doenças desenvolvidas como resultado desse modo de viver. Lutam para adquirir bens que garantam bem-estar e felicidade e descobrem que não estão satisfeitas.

Frustração, preocupação, insegurança, temor, ansiedade, angústia, impaciência e desespero. Esses têm sido os sentimentos alimentados à custa da cultura da concorrência, da supremacia, do mais forte ou mais esperto, de práticas predadoras onde não há espaço, misericórdia para perdedores nem prêmios de consolação, porque a ordem é vencer a qualquer preço.

Viver é mais que isso! Jesus veio a esta terra, despiu-se de sua glória, poder e riquezas, para ensinar o que realmente é essencial. Será que, com toda a sua preocupação, você é capaz de fazer crescer seu cabelo, sua unha ou estatura?

Se você bater agora o seu dedo ou prendê-lo em uma porta, a unha ficará preta e cairá. No lugar dela nascerá outra, mas não por sua vontade, mas porque já foi determinado por Deus ao seu cérebro e ao seu corpo que se regenere.

Todo o seu cuidado em ser eficiente conseguirá adiantar o Sol? Ou encurtar a noite? O ciclo dos dias seguirá o seu rumo independente da sua vontade, mas tenha certeza de que o calor do Sol e a densidade da atmosfera estarão garantidos para permitir a sua vida.

Quanto vale o seu braço direito? E os seus órgãos funcionando de forma perfeita e harmoniosa? Muitas pessoas passam suas vidas preocupadas com o que vão comer ou vestir e esquecem de que Deus tem outras prioridades: felicidade, bem-estar, saúde física e mental e o desenvolvimento espiritual de seu povo.

Se você perder o prazer de comer, podem colocar o prato mais caro para você apreciar que ele não terá sabor. Se você estiver com o corpo debilitado, doente ou deformado, a roupa da grife mais cara e elegante não lhe fará mais feliz. Se você estiver infeliz, deprimido, sozinho e sem perspectiva de ter com quem partilhar, o carro mais potente ou a mansão mais suntuosa não significará nada.

Vamos eleger o que é prioridade nesta vida e confiar que Deus cuida de nós, assim como os passarinhos confiam. Descobriremos que a nossa vida será mais leve e feliz.

"E conhecer o amor de Cristo que excede todo o entendimento para que sejais cheio de toda plenitude de Deus."
Efésios 3:19

"Ninguém tem mais amor do que este: de dar alguém a sua vida pelos seus amigos."
João 15:13

Amor, a Essência de Deus

Um dos frutos do Espírito Santo para a vida do cristão é o amor. Não falamos do sentimento sensorial, que se manifesta em uma relação conjugal. Este amor que é dado pelo Espírito Santo é a própria essência amorosa de Deus pela humanidade.

O amor verdadeiro é um legítimo desejo de promover a felicidade e o bem-estar do próximo. O amor de Deus não mede sacrifícios, não age de forma a defender o próprio interesse. Ele procura agir de forma compassiva, humilde e permanente. Não é um sentimento passageiro. Quando você ama segundo o padrão de Deus, cresce a cada dia a determinação de amar o próximo e de fazer a diferença na vida de muitos.

Deus amou o mundo de tal maneira que deu seu filho Jesus para morrer por nós. Jesus nos amou tanto que aceitou realizar esse sacrifício com toda a dor e tortura. O preço foi alto, mas seu amor foi maior.

Você é capaz de dar a sua vida por alguém? Tenho certeza de que, se você tiver um filho, será capaz de tudo para vê-lo feliz e saudável; não medirá esforços para protegê-lo, instruí-lo, alimentá-lo, proporcionar tudo de bom que puder para fazê-lo seguir pela vida com segurança, rumo a uma vida bem sucedida.

Por seu filho você é capaz de tudo, não é? Multiplique, de forma infinita e eterna, esse amor que você sente e terá uma pequena idéia do amor de Deus, esse amor doador, poderoso e maravilhoso que Ele quer dar ao cristão para transformar este mundo. Esse amor regenera, salva, vivifica e abençoa vidas.

Peça a Deus para que você possa receber este amor em sua vida com a verdade e a intensidade que só o Espírito Santo pode dar. Você não será mais o mesmo! E Deus usará você para transformar as pessoas com esse amor.

"Alegrei-me quando me disseram: Vamos à casa do Senhor." Salmo 122: 1

Igreja - A casa de Deus

Quando você quer diversão, você vai ao cinema, teatro ou vai assistir a um bom show. Se quiser alegrar as crianças, você escolhe um parque de diversões. Mas quando você escolhe ir à igreja, o que está procurando? Eu digo o que você pode encontrar.

Não existe lugar melhor para ir quando se trata de encontrar a si mesmo e as respostas que procura para a sua felicidade. Na igreja você pode confessar seus erros, reconhecer suas falhas e receber, diretamente de Deus, o perdão. Na igreja encontrará uma comunhão maravilhosa de sua alma com a paz e a alegria da presença divina.

Entre irmãos, será consolado, confortado, estimulado e fortalecido na fé. Se houver maldição, ela será quebrada no altar de Deus. Na igreja, suas súplicas serão ouvidas por Deus; as promessas serão feitas; a aliança com Deus, firmada ou renovada.

É na igreja que você agradece pelas muitas bênçãos recebidas: a saúde, a família, o trabalho, a proteção, o livramento, o sucesso e a vitória sobre algum problema. Na igreja todos se reúnem com um propósito: falar com Deus e ouvir a Sua palavra.

Junto ao altar de Deus você sente o seu coração repousar e sua alma vibrar diante da presença do Senhor. Na oração você entra em contato direto com Deus e sente-se no centro da Sua vontade e do Seu cuidado.

No louvor você abre seu coração e solta a sua voz para alegrar-se e agradecer a Deus. Na hora da pregação você é o filho obediente ouvindo as palavras do Pai.

Deus lhe ama e tem saudades de você! Ele vibra quando você vai à igreja. É lá que vocês têm um encontro marcado. O Senhor se alegra ao abrir os braços e o receber na igreja. Uma certeza você pode ter: é o lugar de onde você não sai do mesmo jeito que entra, pois o Espírito Santo de Deus preenche todo aquele que vai à igreja. Sentiu saudade? Sentiu vontade? Faça como o salmista: vá à casa do Senhor!

"E disse: deixa-me ir, porque já a alva subiu.
Porém, disse: Não te deixarei ir, se me não abençoares.
E disse-lhe: Qual é o teu nome? E ele disse: Jacó.
Então disse: Não se chamará mais o teu nome Jacó, mas Israel,
pois como príncipe lutaste com Deus e com os homens e prevaleceste."
Gênesis 32:26 a 28

Perseverança: Lutando pela Bênção

Esta passagem se deu com Jacó lutando com um anjo no vau de Jaboque. Jacó estava para se encontrar com seu irmão Esaú, a quem havia enganado e roubado a bênção paterna e o direito de primogenitura.

Jacó temia a ira de seu irmão e o mal que ele podia fazer à sua família. Jacó fez muitas coisas erradas, mas estava arrependido e queria mudar de vida. Jacó significa: suplantador, aquele que "passaria a perna" nos outros. Ele enganou seu irmão, seu pai e o sogro. Mas estava disposto a fazer as coisas de forma diferente.

Deus se agrada quando nos dispomos a mudar a velha vida, os velhos hábitos e buscar a regeneração. Porém, quando vamos confrontar as pessoas que prejudicamos, elas precisam ver que não somos mais os mesmos. É necessária uma transformação verdadeira. Nessa hora Deus entra em ação. No vau de Jaboque, Jacó lutou com um anjo. Ele lutava por sua vida, por uma nova chance, por uma mudança de seu destino. A luta foi muito árdua, como é toda a luta que travamos quando nos dispomos a mudar. Ela durou a noite toda, não parou um só instante. Jacó, porém, não desistiu, agarrou-se ao anjo e só o largaria se fosse abençoado.

Devemos agir da mesma maneira: lutar sem descanso, agarrar a oportunidade de ser uma nova pessoa, sem erros, sem vícios, sem fraquezas, sem pecados. Lutar com Deus, com os homens, com a gente mesmo.

Agarrar o anjo, perseverar até conseguir a bênção. Esse sacrifício vale a pena. Jacó foi transformado em Israel, um príncipe que lutou com Deus e os homens e venceu. Nós também seremos vencedores e poderosos; uma outra pessoa, melhor, experiente e com a firme convicção de que a bênção foi alcançada.

"A malícia matará o ímpio, e os que aborrecem o justo, serão punidos."
Salmo 34:21

Malícia - A Morte da Inocência

A intenção de satanás ao introduzir a desobediência e a rebeldia na vida do homem é afastá-lo ainda mais de Deus. A malícia produz na alma humana um estado pecaminoso de forma muito sutil.

Tudo começa com uma "piadinha", uma observação grosseira e irônica, querendo ser engraçado e até popular. Logo se inicia uma linguagem vulgar e depois um comportamento inadequado.

A malícia destrói a inocência, mancha reputações, coloca em dúvida o caráter e produz verdadeiro estrago em valores morais e éticos. A pessoa maliciosa age de forma a envergonhar outras, colocando-as em situações embaraçosas.

No íntimo, ela se diverte ao tirar a inocência das situações e substituir por luxúria, maldade, perversão, desonestidade e tantos outros vícios do caráter humano. O malicioso sente prazer em contaminar as pessoas com visões deformadas, suspeitas infundadas, fantasias doentias e atitudes condenáveis.

O malicioso caminha a passos largos para a morte. Sua alma está manchada; sua boca, contaminada; seus pensamentos, imundos; e suas ações estão destinadas a receber a justa recompensa: Deus condena as pessoas que prejudicam outras. O malicioso aborrece o justo com seu comportamento imoral. O conselho de Deus para sua vida: evite a companhia de pessoas maliciosas. Elas são movidas por intenções más e não poderão ajudar você em nada.

Ore por elas. Deus, em sua infinita misericórdia, poderá libertá-las da escuridão em que se encontram. Que o Senhor possa fazê-las despertar para a verdadeira vocação do ser humano: "amar ao próximo como a si mesmo". E quem faz isso não prejudica ninguém.

"O justo aborrece a palavra da mentira, mas o ímpio é abominável e se confunde."
Provérbios 13:5

Mentira - O Monstro de Mil Cabeças

A mentira é uma armadilha em nossas vidas, como um monstro do qual você corta uma cabeça e no lugar nascem outras duas. Assim é manter uma mentira, você precisa de outra e mais outra. Falar a verdade liberta. A pessoa que diz a verdade não se confunde.

O mentiroso vive em constante preocupação de ser desmascarado e foge sempre que se vê ameaçado. Não há paz para o mentiroso. Se, em algum momento, uma mentira beneficiou você, pode ter certeza de que o preço será alto.

Nada que se constrói com mentiras permanece. Quando menos se espera, tudo desmorona. A mentira impede que você consiga o que quer de forma legítima, que seja uma pessoa autêntica e amada por mérito próprio e de direito.

A mentira produz um mundo de ilusões, e a ilusão é perigosa, pois se parece perfeita, na realidade é uma areia movediça que leva você para o fundo, com conseqüências imprevisíveis.

Relacionamentos precisam ser alimentados com a verdade, pois, somente assim serão duradouros. Carreiras podem ter ascensões meteóricas ou degrau por degrau, porém serão sólidas se forem construídas com a verdade. Quando você mente sobre si mesmo, para agradar a alguém, impede que esta pessoa conheça o verdadeiro ser que você é. Com certeza os dois estarão perdendo uma oportunidade de admirar ou até amar de verdade. Mentir para ocultar um erro lhe fará prisioneiro para sempre deste erro; a culpa será a sua companheira permanente e o medo lhe atormentará.

Confessar a verdade liberta, purifica e dá nova vida. Quem fala a verdade caminha de cabeça erguida, não tropeça na palavra, tem o coração leve e a sua vida é guardada e defendida por Deus, o Senhor da Verdade.

"Também vi eu que todo o trabalho e toda a destreza em obras trazem ao homem a inveja do seu próximo. Também isto é vaidade e aflição de espírito."
Eclesiastes 4:4

Inveja - O Veneno que Aflige a Alma

Muito já foi dito sobre a inveja, sobre o quanto é prejudicial e amarga a constatação de que estamos invejando nosso próximo.

A inveja é a vaidade ferida, causando estragos no nosso ego. É a força maligna que impulsiona nossos piores instintos para acabar com a felicidade alheia e assim acalmar nosso espírito. A inveja motivou o primeiro homicídio da Bíblia. Caim matou seu irmão Abel, pois não aceitou o fato de Deus ter escolhido o sacrifício oferecido por Abel.

Vivemos em um mundo competitivo, onde as pessoas que se destacam recebem atenção e prontamente são colocadas em evidência. O sucesso atrai a inveja, afinal, todos querem ser aceitos, amados, festejados e quando alguém consegue, logo outras pessoas se aproximam buscando saber como ele conseguiu.

Infelizmente ninguém está livre de sentir inveja. É uma característica humana que aparece sem convite. Quando você sentir que está invejando alguém, pare e pense:

1 • Que preço esta pessoa pagou para chegar onde está? Trabalho árduo, sacrifício pessoal e familiar, dedicação e persistência.

2 • Será que esse sucesso tem a ver com você? Muitas vezes o sucesso, quando alcançado, não é igual ao que pensamos.

3 • Será que estou focando a capacidade do outro e esquecendo as minhas competências? Existem várias e diferentes formas de se alcançar o sucesso. Vale a pena lembrar que, enquanto estamos preocupados em observar o sucesso alheio, desperdiçamos precioso tempo que deveríamos empregar para construir o nosso sucesso.

Outra coisa que temos de ressaltar é se este sucesso está construído em bases sólidas. A Bíblia nos alerta que não devemos invejar o ímpio, aquele que tem sucesso, poder e dinheiro utilizando meios errados para obtê-lo: seja o crime, a contravenção ou a exploração do próximo, eles estão condenados a pagar por seus atos e todo o sucesso do mundo não vai adiantar nada.

Por fim, o cristão verdadeiro não deixa seu coração sentir inveja. Pelo amor ao próximo que sente através de Jesus, ele admira e torce pelo sucesso do outro e sabe que o Senhor fará o que for melhor para ele. A recompensa é o verdadeiro sucesso do justo, sem inveja e sem maldade.

Portanto, não vos entristeçais, porque a alegria do Senhor é a nossa força."
Neemias 8:10 - última parte

Alegria

A alegria, também chamada de gozo, é um dos frutos do Espírito Santo para nossa vida. Esta alegria, independente das circunstâncias, é dada graciosamente ao cristão que a pedir.

A alegria do Senhor é a nossa força para encarar cada dia, pois é o próprio prazer de viver. É um sentimento puro e livre que experimentamos poderosamente quando crianças e esquecemos dele quando adultos. Você lembra de sua infância, ou então, você nota como as crianças riem à toa? São alegres e se divertem em qualquer situação. Têm ataques de riso em qualquer hora e lugar. Elas são felizes e pronto.

Esta alegria é uma poderosa fonte de saúde e bem-estar. Quando rimos, enviamos mensagens ao nosso cérebro que libera endorfina, um neurotransmissor de ação estimulante, promovendo uma agradável sensação por todo o nosso corpo. A alegria ilumina ambientes, aquece corações, promove um ambiente agradável e estimula o diálogo entre pessoas.

O sorriso não conhece barreiras de idiomas, credos ou raças. A pessoa alegre atrai outras; a triste as afasta. A alegria facilita as tarefas, colore o dia-a-dia e dá uma especial razão à sua vida. Levar a alegria a todos é um privilégio de poucos; é mais fácil fazer alguém chorar.

A alegria combate o pessimismo, a depressão, a tristeza e o mau humor. A alegria é uma energia ilimitada e constantemente renovável que vem do trono de Deus, nos céus, diretamente para iluminar sua vida. Caso você ainda não tenha esse maravilhoso fruto do Espírito Santo em sua vida, não perca mais tempo e ore ao Senhor, pedindo-o ainda hoje.

Tenho certeza de que Deus ouvirá sua oração e derramará sobre você esta santa, gloriosa e maravilhosa alegria. Ela não é momentânea nem circunstancial. Essa alegria é constante e eterna como é o nosso Deus.

Alegre-se!!!

"Deixo-vos a paz, a minha paz vos dou: não vo-la dou como o mundo a dá. Não se turbe o vosso coração, nem se atemorize."
João 14:27

Paz

Um dos frutos do Espírito Santo que devemos buscar é a paz. A paz que o Senhor nos dá é realmente diferente da paz que o mundo oferece.

A paz proveniente de Deus preenche o nosso ser de forma permanente e completa. Independente das situações ao nosso redor, nosso coração permanece em paz. Temos harmonia interna; corpo e mente estão sempre sossegados e seguros nas promessas de Deus. Não nos deixamos abalar por adversidades; deixamos para trás os sobressaltos, perturbações e angústias que sentíamos com os perigos do dia-a-dia. Cultivamos a plena convicção de que nossa vida está sob a proteção e o cuidado de Deus.

Em um mundo que distribui medalhas a heróis de guerras, vive de vender armamentos bélicos e construir armas de destruição em massa, para se "defender", falar de paz soa bem estranho.

Nos dias violentos em que vivemos, onde a vida humana é tão frágil e pode terminar de uma hora para outra, se estivermos no caminho de um bandido ou de uma bala perdida, como sentiremos paz? Realmente, nossa paz vem do Senhor Deus, em quem não há sombra de dúvidas ou variação. A paz que Deus produz em nós é o perfeito equilíbrio da fé nas promessas de Sua palavra e da Sua presença em nossa vida. A paz está dentro de nós e vai conosco a qualquer lugar.

Jesus deu aos discípulos instruções para que, ao entrarem em qualquer lugar, saudassem com a paz. Se a casa fosse digna de receber essa paz, esta desceria sobre todos que ali estivessem.

Busque ardentemente esta paz. Torne-se um emissário dela, promovendo, partilhando e anunciando que ela vem da parte de Deus. A paz estará presente em seu olhar, palavras e ações. Ela descerá como orvalho e levará sua alma para repousar em águas tranqüilas e pastos verdejantes, preencherá seu coração com silêncio e quietude. Sua mente estará constantemente serena e sua vida em perfeita harmonia.

Que a paz do Senhor Jesus Cristo seja em sua vida hoje e sempre.

"Por que o fruto do Espírito está em toda a bondade e justiça e verdade."
Efésios 5:9

Bondade

Um importante fruto do Espírito Santo que devemos ter em nossas vidas é a bondade. A bondade é a própria essência do Senhor e deve ser constante presença no caráter do cristão. A bondade, a justiça e a verdade andam juntas e devem agir de comum acordo na nossa vida. Devemos lembrar que, dessa forma, estaremos promovendo o Reino dos Céus entre nós.

Em uma sociedade onde impera a lei do mais forte e o mais esperto, onde a justiça dos homens é falha, permitindo a impunidade e a injustiça, devemos agir segundo a palavra de Deus. Pelo princípio da bondade, devemos fazer ao nosso próximo o que queremos que façam a nós: o bem.

Pelo princípio da justiça, qualquer ação ou negócio só é justo se for bom para ambas as partes. Ninguém deve ser prejudicado; todos têm direitos e deveres e devem ser tratados de forma igualitária. Pelo princípio da verdade ninguém deve enganar ao outro para se beneficiar. A mentira não deve prevalecer em hipótese alguma. Nada justifica ocultar, distorcer ou manipular a verdade, mesmo que se pense que se está ajudando alguém.

A bondade exige força de caráter para não se deixar corromper; ela se aborrece com o mau; não suporta injustiça. A bondade concede autoridade para lutar pelo que é certo e de direito, sempre beneficiando a todos. Ela promove uma transformação em nosso comportamento: deixamos de ser egoístas, avarentos, cobiçosos e cruéis; tornamo-nos generosos, altruístas, compassivos e mais humanos.

E quanto mais humanos nós formos, mais perto do Divino chegaremos, pois Deus fez o homem à sua imagem e semelhança, ou seja, como Ele é bom, sejamos nós também.

"...Mas com benignidade eterna me compadecerei de ti, diz o Senhor, o teu Redentor."
Isaías 54:8

"Amai, pois os vossos inimigos e fazei bem e emprestai sem nada esperardes, e será grande o vosso galardão e sereis filho do Altíssimo, porque Ele é benigno até para com os ingratos e maus."
Lucas 6:35

Benignidade

Benignidade é mais um fruto do Espírito Santo que produz na vida do cristão uma transformação que o torna semelhante a Cristo.

Enquanto a bondade é um forte traço de caráter e postura, a benignidade se coloca como uma atitude. A gentileza, a compaixão, a misericórdia, o perdão, o desprendimento e a generosidade são os desdobramentos de uma vida pautada pela benignidade.

Os filhos do Altíssimo, como são chamados os cristãos que agem com benignidade, amam e perdoam com facilidade, não fazem acepção de pessoas e são gentis com todos. Os benignos sentem genuína compaixão; eles se colocam no lugar das pessoas sofredoras; sentem intensamente este sofrimento e lutam para melhorar a situação dessas pessoas.

Não praticam atos de caridade para agradar ou parecerem bons para os outros; sabem que Deus espera deles esse comportamento e agem de forma sincera e discreta. São generosos e não esperam nada em troca; agem segundo a palavra de Deus e sabem que o Senhor que tudo vê os recompensará segundo a sinceridade dos seus corações. A gentileza com que tratam as pessoas não é forçada ou superficial, sentem prazer em ser agradáveis, educadas e carinhosas, pois essa é a natureza de Cristo: amável e amiga.

Em um mundo tão perturbado, onde as pessoas agem de forma a defender apenas o próprio interesse, sendo indiferentes, traiçoeiras, frias, egoístas e avarentas, precisamos pedir a Deus o fruto da benignidade em nossas vidas. E mostrar que Deus continua derramando chuva sobre justos e injustos, dando Sol para bons e maus, vida para todos e que sua misericórdia se renova todos os dias para cada ser vivente.

Vamos ter compaixão, amar e perdoar nosso próximo, assim como Deus se compadece, ama e perdoa a você e a mim.

"Mas os mansos herdarão a terra e se deleitarão na abundancia de paz."
Salmo 37:11

Mansidão

Certas pessoas confundem mansidão com moleza ou covardia, não é nada disso. Mansidão é um fruto do Espírito Santo que revela a natureza pacífica de Deus. O Senhor é poderoso, tremendo e infinitamente grandioso e forte. No entanto, quando veio à Terra, Cristo se manifestou entre nós como o Cordeiro de Deus.

A figura do cordeiro fala ao nosso coração de doçura, suavidade, carinho e inocência. Estas qualidades compõem o retrato do cristão que tem em sua vida o fruto da mansidão. Nosso relacionamento com o mundo é baseado em ação e reação; as pessoas que levam a vida na base do grito e agressão recebem de volta hostilidade e violência.

Não seria mais produtivo e benéfico se os relacionamentos, as negociações, a política e o governo se baseassem no princípio da reciprocidade pacífica? Porém, a natureza agressiva do ser humano e sua sede de domínio, poder, e conquista levam-no a querer prevalecer sobre o seu próximo de qualquer jeito. O diálogo se transforma em discussão; a negociação, em disputa; as relações entre governos, conflituosas e, por vezes, acabam em guerras.

É tão difícil dar razão ao outro? Ceder ou concordar? Perdoar e esquecer? Os mansos buscam soluções que promovam a paz. A mansidão transparece no olhar, no tom da voz, na suavidade dos gestos, no respeito pelo outro, no comportamento amigável, nas palavras e nos gestos.

Feliz é a pessoa que não se deixa levar pela ira, controla o seu temperamento e busca resolver todas as questões de sua vida de forma pacífica. Prefere calar-se a discutir, mesmo que tenha razão. Ela simplesmente confia que, no final, tudo se resolverá da melhor maneira. O manso pensa antes de falar, mede o tom e o alcance de suas palavras e fala não só para a mente, mas também para o coração das pessoas.

Cristo ama os mansos, pois são pacificadores e promovem o entendimento e a harmonia. Para eles são as promessas de herdar a terra e viverem em paz. Você não é manso, segundo os padrões da Bíblia? Ore a Deus e receba a natureza mansa de Cristo para sua vida ser mais feliz.

"Com toda a humildade e mansidão, com longanimidade, suportando-vos uns aos outros em amor."
Efésios 4:2

Longanimidade

Este é um fruto do Espírito Santo de Deus fundamental para o cristão. A longanimidade é entendida como paciência para enfrentar situações, compreender e aceitar as pessoas, perdoando-as, se necessário; aceitar e desempenhar com obediência e humildade o que Deus determinou.

Paciência na tribulação – sabendo que o Senhor não lhe deixará padecer ou tentar além de sua capacidade de resistência. Paciência com o próximo – sendo perdoador e tolerante com as fraquezas e falhas das pessoas, afinal, todos nós temos problemas e defeitos. Paciência para aguardar as promessas de Deus se cumprirem em sua vida – Pois Deus tem o tempo certo para realizar o que prometeu e não cabe a nós determinarmos quando deverá ser. Paciência com a sua família, esposo ou esposa – queremos ser compreendidos, respeitados, amados e perdoados. Então devemos usar a mesma medida de perdão, paciência e compreensão em casa.

Eles não têm culpa de seus problemas no trabalho, com o chefe ou com o cliente, não merecem toda a carga de nervosismo, frustração ou decepção que você trouxe para casa.

Devemos preparar nosso coração para ser tardio em irar-se e rápido para perdoar e esquecer. Isto também é ser longânime, é assim que Deus age conosco. O longânime mostra que é sábio, pois domina seus impulsos, controla seu gênio, mede suas reações e palavras e age segundo a paciência e a tolerância vindas de Deus, sempre com misericórdia e bondade.

Seja longânime, assim como Jó que teve paciência na tribulação. Como Abraão que teve paciência para ver a promessa do tão sonhado filho nascer. Como Daniel que esperou pacientemente a sua oração ser atendida e como José, que aguardou, confiante e pacientemente, que Deus fizesse justiça e o abençoasse. Todos foram pacientes e alcançaram a vitória. Seja paciente você também.

"Ora, a fé é o firme fundamento das coisas que se esperam, e a prova das coisas que se não vêem."
Hebreus 11:1

Fé - O Segredo do Cristão

Como traduzir um poder realizador, transformador, regenerador em uma palavrinha tão pequena? É maravilhoso pensar que Deus chamou à existência tudo que vimos e tocamos, a partir do "nada" e pela palavra.

Quando exercitamos a fé, estamos colocando em prática esse mesmo poder, declarando, tomando posse, agradecendo. Tudo isso, antes mesmo de receber a bênção, contemplando-a, visualizando-a, pela fé.

Deus honra nossa fé, quando ela está firmada em poderosos fundamentos:

1 • Na Bíblia e suas promessas;

2 • No nome de seu filho Jesus Cristo.

A fé nos mantém firmes no caminho traçado por Deus, consola nosso coração na hora das tribulações, encoraja diante dos desafios, promove nosso crescimento e maturidade espirituais, sustenta-nos durante a espera pela bênção ou vitória desejada.

A fé é a identidade do cristão; ele vive pela fé e não se desespera diante das circunstâncias contrárias, pois confia nas promessas de Deus. A sua fé é a resposta para os mistérios da vida, devidamente revelados na palavra do Senhor. A fé vem pelo ouvir a palavra de Deus; ela se alimenta de cada versículo da Bíblia e fortalece o coração do cristão. Tira todo o temor, preocupação, decepção, angústia, dúvida ou frustração.

Pela fé o cristão não só acredita na existência do Senhor, como também prova da realidade deste maravilhoso Deus, pois a fé derruba a barreira que teima em separar o homem de Deus. Tudo é possível ao que crê, pois a fé fortalece o seu propósito de seguir em frente. Peça a Deus esta fé e seja mais do que um vencedor.

"Ele não está aqui, porque já ressuscitou como havia dito. Vinde, vede o lugar onde o Senhor jazia."
Mateus 28:6

O Túmulo Vazio

Estas palavras ditas pelo anjo àquelas mulheres em Jerusalém ecoam até hoje como a melhor notícia para a nossa fé: a grande e maravilhosa vitória de Jesus sobre a morte. Muitas são as mensagens que visam consolar o nosso coração, promover a alegria e a paz de espírito, mas nenhuma se compara à prova definitiva que Jesus deixou para nós.

Você tem medo do seu futuro? Não tem certeza da sua salvação pessoal? Sente receio de que suas falhas são maiores do que suas virtudes? Teme a morte? Contemple o túmulo vazio de Cristo. Ele é a certeza de sua vitória, pois ela foi conquistada para sempre por Cristo, especialmente para você. Pense bem, você pode visitar o túmulo de Buda, ele esta lá. Pode visitar o local sagrado onde está o profeta Maomé. Outros mestres e homens considerados santos têm seus túmulos para visitação. O único túmulo vazio até hoje é o do Senhor Jesus. Conforme havia prometido, Ele ressuscitou e vive. Vive!! Apareceu para seus discípulos, esteve com eles, instruiu-os e ordenou que divulgassem a boa nova do evangelho. E esta mensagem chegou até nós.

O que devemos fazer, então? Em primeiro lugar, receber esta mensagem, crer, tomar posse dessa nova vida concedida por Cristo, e levar adiante. Tenha plena convicção de que nossa fé tem firmes fundamentos; tudo o que Cristo profetizou se cumpriu e sua ressurreição é a grande marca da nossa mensagem.

Jesus vive. Ele está sentado à direita de Deus, entronizado em glória, com as marcas da cruz para lembrar ao seu Pai que pagou o preço por nós. Está permanentemente intercedendo junto a Deus por você e por mim. E para não ficarmos sozinhos, enviou seu Santo Espírito para habitar em nós.

"Então, abriu-lhes o entendimento para compreenderem as Escrituras."
Lucas 24:45

A Revelação da Palavra

Ouço pessoas reclamarem que a leitura da Bíblia é muito difícil, palavras complicadas, passagens com diversas interpretações. Alguns dizem que a Bíblia é um livro para estudiosos. Eu discordo: a palavra de Deus é para todas as pessoas, afinal, foi escrita por homens simples, inspirados por Deus para orientar seu povo.

Então qual é o segredo para compreender as escrituras? A revelação do sentido da palavra de Deus se dá com a ajuda do Espírito Santo. Quando você abre a Bíblia para ler como se fosse um livro comum, realmente tem dificuldades. Muitas passagens não fazem sentido no início, porque você está lendo apenas a letra.

O que eu quero dizer com isso? Vou explicar: existem dois termos gregos para traduzir "palavra". Um termo chama-se Logus, que quer dizer palavra escrita e um outro termo denominado Rhema, que significa palavra viva. Rhema é a palavra viva que realiza, se revela, cria forma e sentido. A Bíblia se revela e cria sentido para você através do poder do Espírito Santo. Quando você ora pedindo entendimento, o próprio Jesus Cristo revela para você todos os mistérios, propósitos e promessas das escrituras para a sua vida.

O salmista Davi, em certa ocasião, orou assim: "Desvenda os meus olhos, para que veja as maravilhas da tua lei", Salmo 119:18. E Deus ouviu a oração de Davi de tal maneira que muitos Salmos que Davi escreveu contêm passagens proféticas sobre Jesus.

Quando você abre a Bíblia sem fé, ela é apenas um livro, mas na ocasião em que resolver olhar a palavra de Deus com outros olhos, ore a Deus pedindo esclarecimento e, com certeza, poderá constatar que a palavra "cria vida" e sentirá que ela fala com você como se fosse o próprio Jesus Cristo falando ao seu coração.

Ore a Deus, busque esta revelação e boa leitura!

"Como o cervo brama pelas correntes das águas, assim suspira minha alma por Ti, ó Deus! A minha alma tem sede de Deus, do Deus vivo. Quando entrarei e me apresentarei ante a face de Deus?"
Salmo 42:1 e 2

Sede de Deus

Grandes homens da Bíblia se destacaram por seu amor a Deus. Temos lições de devoção, dedicação, obediência e confiança. Eles buscavam a presença de Deus não pelas bênçãos que poderiam receber, mas primeiramente pela Pessoa de Deus.

Você se sentiria feliz, sendo rico e poderoso, querendo partilhar tudo que tem com seus filhos que o amassem e descobrisse que estes se aproximam de você só por causa dos bens?

Pense bem: quais os motivos que o levam a buscar Deus? Conheço pessoas que têm medo de Deus. O que realmente é uma pena, pois não conhecem o Pai maravilhoso, perdoador, carinhoso, protetor e provedor que o Senhor é. Elas têm a imagem de um Deus severo e que não admite erros. Alguns pais podem ser assim, mas, o Senhor Deus não é. Porque Ele é justo e Santo, não aceita o pecado, mas ama o pecador, tanto que enviou Jesus para morrer por nós e nos livrar do mal e do pecado.

Quer maior amor que este? Ele declara que a cada manhã renova o seu perdão e abre seus braços para nós. Quando se conhece de perto esse Deus, prova do seu cuidado, da paz e alegria de estar na sua presença, do imenso e profundo amor que Ele tem por nós, é impossível não se apaixonar pelo Senhor Deus, este Pai mais que maravilhoso. Ele se torna um companheiro constante, o abrigo seguro, a mão firme que nos conduz durante a caminhada da vida.

O Pai sempre presente quando o filho precisa. Você conhece um Deus assim? Ele é o Senhor e está esperando uma oportunidade para fazer parte de sua vida. Quando você alcançar esse relacionamento de Pai e filho com o Senhor Deus, tenho certeza de que receberá todos os bens que Ele tem para lhe dar. Mas o mais importante será ainda o que Ele significará para você.

Tenho plena convicção de que você entoará o mesmo cântico do salmista: "Amo ao Senhor, porque Ele ouviu a minha voz e a minha súplica."
Salmo 116:1

"E disse-lhes: vinde após mim e eu vos farei pescadores de homens."
Mateus 4:19

Pescadores de Homens

Jesus, andando junto ao mar da Galiléia, viu Pedro e André lançando redes. Eles eram pescadores e estavam em mais um dia de trabalho. Quando foram convidados por Jesus não vacilaram, deixaram suas redes e seguiram o Mestre.

Mas o que significaria pescar homens? Como seria feito? Qual seria o equipamento? E o treinamento? Eles eram homens do povo, trabalhadores dispostos.

Certa vez, aprendi que "Deus não escolhe os preparados, prepara os seus escolhidos", portanto bastava crer e obedecer a Jesus e eles seriam instruídos durante sua caminhada com o Mestre.

Vamos falar de Pedro, homem rude, de temperamento forte, por vezes agindo no impulso, falando precipitadamente e sem pensar. Julgava-se pronto para tudo e descobriu que estava enganado:

• Afundou ao duvidar que pudesse andar sobre a água;

• Feriu a orelha de Malco, o soldado romano que fazia parte da guarda que veio prender Jesus;

• Negou Jesus três vezes;

• Fugiu e se escondeu na hora da perseguição;

• Duvidou quando Madalena disse que vira Jesus ressuscitado.

Estas falhas, porém, não impediram que Pedro fosse preparado por Jesus para ser um pescador de homens, pelo contrário, o reconhecimento dessas fraquezas tornou Pedro mais consciente da fragilidade humana, fazendo-o compreensivo quanto ao próximo. Ele estava pronto para ser tratado por Jesus.

Quando Jesus, ressuscitado, apareceu a eles, explicou-lhes todo o significado das escrituras e como tudo se cumpriu com Ele: desde os profetas até sua morte e ressurreição. Chamou Pedro para perto de si e o convocou para levar adiante a sua igreja, divulgando a mensagem.

E, finalmente, quando recebeu o Espírito Santo no cenáculo, levantou-se um novo Pedro que em seu discurso, relatado em Atos 2:14 a 2:41, agregou com sua pregação, quase três mil almas. Sim, ele se transformou em pescador de homens, livrando-os do vazio, do temor, da perdição, do pecado e do medo da morte.

Jesus hoje convida você para ser pescador de homens. Aceite o desafio e deixe que o Mestre trabalhe em sua vida como fez com a de Pedro. O resultado, eu creio, será tão maravilhoso e inesquecível quanto foi para o pescador.

"E, caindo em terra, ouviu uma voz que lhe dizia:
Saulo, Saulo, por que me persegues?"
Atos 9:4

No caminho de Damasco

Saulo era um homem instruído, educado por Gamaliel, um sábio judeu conhecido como "a formosura da lei". Saulo era um homem da nobreza judaica e com cidadania romana.

Nos dias de hoje poderia ser comparado a um diplomata com livre trânsito pelos domínios romanos. Zeloso pelo cumprimento das tradições religiosas, achava-se revestido de direito ao perseguir os cristãos. Na época, cristãos eram homens e mulheres que seguiam e adoravam Jesus Cristo e sua mensagem, sempre às escondidas, pois sua fé era condenada pelos judeus. Saulo se achava um homem preparado, defensor dos bons costumes e da verdade da lei e dos profetas. O que ele não sabia é que sua vida mudaria por completo ao se encontrar com Jesus, o caminho, a verdade e a vida.

As suas convicções caíram por terra, juntamente com ele, no caminho de Damasco. Ele e seus homens estavam indo a Damasco para prender cristãos, quando Jesus apareceu para Saulo. Diante do poder, da graça, do amor, do resplendor do próprio Cristo, não restaram dúvidas para Saulo: ele estava diante do Senhor Deus. Porém, quis ter certeza, e por isso perguntou:

– Quem és, Senhor?

E disse o Senhor:

– Eu sou Jesus, a quem tu persegues. Duro é para ti recalcitrar contra os aguilhões. (Recalcitrar é o mesmo que resistir e aguilhão é o mesmo que sofrimento, provocado pela aguilhada, uma vara com ferrão nas pontas usada para conduzir bois.)

Saulo estava sendo teimoso como um boi que achava que sabia o caminho, mas estava precisando de uma aguilhada para acertar o rumo. Ele caiu do cavalo; diante de Deus, precisou rever seus conceitos. Ficou temporariamente cego e só voltou a ver quando compreendeu a verdade e pôde enxergá-la. Saulo mudou seu nome para Paulo e de perseguidor dos cristãos passou a ser o maior defensor da doutrina de Cristo, o evangelizador dos gentios.

A vida de Paulo inspirou milhares de cristãos e até hoje suas cartas orientam e estimulam igrejas em todo o mundo. Do vaidoso Saulo, ao abnegado e humilde Paulo, Jesus tratou dele também.

Hoje, muitas pessoas precisam ter esse encontro com Jesus e cair do cavalo de suas convicções: Jesus não é só um profeta, um símbolo na parede ou um santo. Ele é o Rei dos reis e Senhor dos senhores, o salvador da humanidade, Senhor da sua vida e da minha, nosso Redentor. Respeite-O, adore-O, sirva-O e obedeça a Ele. Ele é o seu Deus.

"E, cumprindo-se o dia de pentecostes, estavam todos reunidos no mesmo lugar.
E, de repente, veio do céu um som como o de um vento forte veemente e impetuoso
e encheu toda a casa em que estavam assentados.
E foram vistas por eles línguas repartidas como que de fogo,
as quais pousaram sobre cada um deles.
E todos foram cheios do Espírito Santo e começaram a falar noutras línguas,
conforme o Espírito Santo concedia que falassem."
Atos 2:1 a 4

Espírito Santo
Poder de Deus na Vida do Cristão

Este é um marco do nascimento da igreja. A descida do Espírito Santo sobre os cristãos era o cumprimento da promessa feita por Jesus antes de subir aos céus: "Mas recebereis a virtude do Espírito Santo, que há de vir sobre vós e ser-me-eis testemunhas, tanto em Jerusalém, como em toda a Judéia e Samaria, até os confins da terra." Atos 1:8

O Espírito Santo é a terceira pessoa da trindade divina que veio à Terra para viver no homem, com a finalidade de revelar Cristo na vida do cristão através de virtude e poder divinos. Ele é a vida sobrenatural, espiritual, a presença de Deus no nosso dia-a-dia. Você pode notar que depois que foram revestidos pelo Espírito Santo, os cristãos receberam sabedoria, autoridade e poder para anunciar o evangelho de Cristo.

Enquanto que, no Velho Testamento, Deus falava ao povo pelos profetas e sua presença era vista através de manifestações como nuvem ou coluna de fogo. Deus não podia ser visto face a face.

No Novo Testamento, Jesus falava face a face com o homem, andava com os discípulos e anunciou uma nova etapa onde a comunhão do homem com Deus seria ainda maior.

Estamos vivendo a época do Espírito Santo, onde acontece o cumprimento dessa promessa: Deus vive no homem. Ele fala, orienta, manifesta Seu poder e a natureza divina no homem espiritual.

É um mistério e ao mesmo tempo uma maravilha: ter a presença de Deus de forma intensa e constante através do Espírito Santo. Não tentarei explicar o que realmente significa e como acontece; você vai compreender se experimentar. Creia que está mais do que na hora de você conhecer essa nova dimensão da comunhão de Deus para sua vida.

Deseje, peça a Deus, ore e busque. Quero me alegrar com você quando conseguir. Não é difícil, está ao seu dispor, basta crer e receber. Vai conhecer uma força, uma virtude e uma autoridade jamais vistas ou sentidas em sua existência.

Que Deus lhe abençoe e se derrame sobre você!

"Porque não me envergonho do evangelho de Cristo, pois é o poder de Deus para a salvação de todo aquele que crê primeiro do judeu e também do grego."
Romanos 1:16

Não tenha Vergonha de Ser Cristão

Vivemos dias de buscas intensas. O homem procura respostas e direção para a sua vida. O evangelho de Cristo é mais do que uma simples filosofia religiosa. Segundo Paulo, que provou em sua própria vida, o cristianismo é o poder de Deus para a transformação do homem.

Quando o homem aceita Jesus como seu salvador, toma posse pela fé do sacrifício de Cristo na cruz para remissão dos seus pecados, ele renasce para uma nova vida. O evangelho produz cura interior, modifica comportamento, pois a Bíblia passa a ser a regra de conduta com seus valores éticos e morais. O cristão passa a ser um ser humano caridoso, perdoador, compreensivo, tolerante, manso e profundamente convicto do propósito da sua vida. Passa a ter equilíbrio interno para enfrentar dificuldades e adversidades, pois a sua fé o sustenta durante toda a sua caminhada. Possui uma esperança na vida eterna prometida por Cristo e não teme mais a morte dele ou a separação dos seus entes queridos que partam antes, pois crê no futuro glorioso que os unirá novamente.

Restaura-se no homem a sua natureza divina de amor e ele luta por um mundo justo; preocupa-se com o próximo e com as obras criadas por Deus. Tem respeito pela vida e descobre o prazer de desfrutá-la, não se prendendo às circunstâncias para ser feliz, descobrindo a razão de viver cada dia, como uma oportunidade de conhecer ainda mais o Deus que serve. O evangelho concede sabedoria, conhecimento, poder espiritual para combater o mal e tudo que advém dele; pode libertar o homem para viver a vida que Deus projetou para ele desde o princípio do mundo.

Então, porque tanta gente se envergonha de pregar o evangelho, com medo do que as pessoas vão pensar daquele que anuncia que Jesus salva, cura e batiza com o Espírito Santo?

Paulo já enfrentava esse problema em sua época. Para os gregos e romanos era mais fácil adorar vários deuses que os permitiam pecar do que um Jesus Cristo que pregava arrependimento e uma nova vida. Nos dias de hoje é mais fácil seguir filosofias exóticas ou religiões modernas do que se atrever a mudar radicalmente e aceitar seguir e obedecer a Cristo.

O evangelho continua sendo uma resposta eficaz para o homem que quer preencher o vazio de sua vida e encontrar o propósito para a sua existência. É ainda a cura para o corpo e a alma e poder transformador para o caráter e a personalidade humana: do carnal para o espiritual Divino.

"Davi, porém, disse ao filisteu: Tu vens com espada, e com lança e com escudo; porém eu venho a ti em nome do Senhor dos Exércitos, o Deus dos exércitos de Israel, a quem tens afrontado."
1° Samuel 17:45

Em Nome do Senhor

Toda vez que leio a história de Davi e me deparo com esta declaração, no momento crucial, mais perigoso, decisivo de sua vida, vejo o quanto uma fé pode ser fortalecida.

Quem reparar com atenção, nesta luta de Davi contra o gigante Golias, aparentemente, tudo estava contra Davi: a força e o tamanho descomunal de Golias, a experiência e ferocidade do guerreiro filisteu, o armamento pesado que ele possuía e o desejo selvagem de eliminar Davi para demonstrar o seu poder. Enfim, humanamente falando, as proporções eram desiguais e as chances de vitória para o jovem hebreu eram nulas. Davi não estava raciocinando direito ou não sabia o risco que estava correndo? Seria loucura ou inconseqüência? Qual seria a estratégia ou arma secreta de Davi?

Fico emocionada e admirada, quando leio: "... porém, eu venho a ti em nome do Senhor dos Exércitos..." Minha oração é para que todos os cristãos - incluindo eu e você - possam ter a ousada confiança de utilizar com eficácia essa arma que Davi possuía.

Os problemas enormes, as dificuldades financeiras e o estado de saúde deficiente parecem se avolumar diante de você com a assustadora dimensão de Golias? Precisamos ter a mesma visão de Davi: o meu Deus é maior, o Seu nome é mais poderoso. Ele me conduzirá até a vitória.

Aparentemente, não havia em Davi a força ou o armamento para derrotar Golias. Porém, Deus agiu e, através de uma insignificante pedra atirada de uma funda, com a presteza e a vontade dirigidas pela fé, o milagre aconteceu: o gigante foi ao chão.

Não podemos desprezar o que temos; pelo contrário, é exatamente o que temos que devemos colocar à disposição de Deus para que seja realizado o milagre. O segredo? Saber quem somos e em nome de quem nós agimos. Derrote o Mal, as dificuldades, as enfermidades e os problemas. Lute em Nome do Senhor Jesus, o senhor da sua vida.

"Porque assim diz o alto e o sublime que habita na eternidade e cujo nome é santo. Num alto e santo lugar habito e também com o contrito e abatido de espírito, para vivificar o espírito dos abatidos e para vivificar o coração dos contritos." Isaías 57:15

O Deus que Vivifica

Deus tem um interesse muito especial pelo ser humano. Embora habite as esferas celestiais, prefere estar entre os homens, pois sabe que Sua presença tem o poder de vivificar.

Em muitas situações, diante de problemas aparentemente insolúveis, como perdas de entes queridos, desgastes emocionais, projetos frustrados ou negócios fracassados, sentimos uma sensação de desânimo que abate profundamente a nossa alma. A tristeza, a dor e a opressão exercem um forte impacto em nossa alma, diminuindo a alegria e a vontade de viver.

Esta situação é perigosa e conduz o ser humano a um estado de total apatia, facilitando a aparição de pensamentos sombrios e até do desejo de morrer. Nessa hora, a presença de Deus é o socorro bem presente; é a força da esperança para tirar do abismo a alma sofredora. Deus é vida!!! Seu Espírito revigora, ilumina, consola, alegra e fortalece.

Em outra ocasião, quando agimos de forma impensada ou impulsiva, cometemos erros, tomamos decisões infelizes ou praticamos certas ações que provocam sérios transtornos e danos a nós ou a outras pessoas; nosso coração fica pesado, carregado de culpa ou angústia promovida pelo remorso. Reiteradas vezes recordamos o erro, aumentando assim a dor e o mal-estar dessa culpa. Você está arrependido e quer se libertar. Nesse momento a presença do Senhor se faz mais do que necessária com a força vivificante do perdão.

A presença carinhosa, misericordiosa, benigna e paterna de Deus fala ao coração do contrito sobre compaixão e a bênção de uma nova chance, a maravilhosa oportunidade de reparar os seus erros. O simples fato de Deus abandonar os altos céus e vir ao encontro do homem é a prova perfeita de que a Sua Presença em nós é garantia de salvação, paz, perdão e nova vida. Que o Senhor Deus vivifique sua alma e o seu coração.

"E Eliseu lhe disse: Que te hei de eu fazer?
Declara-me que é o que tens em casa.
E ela disse: Tua serva não tem nada em casa,
se não uma botija de azeite."
2º Reis 4:2

O que Você tem em Casa?

Algumas pessoas vivem tempos difíceis nos quais precisam manter a serenidade e a fé para não entrar em pânico. Quando vem o desânimo e a falta de perspectiva, a visão fica estreita e embaçada no que diz respeito a oportunidades.

Por que digo isso? Medite comigo na passagem de 2 Reis capítulo 4, versículos de 1 a 7. A situação daquela viúva era desesperadora: com o falecimento do marido que era o provedor da casa, as dívidas eram tantas que ela perdera tudo; até seus filhos foram levados como escravos para pagamento dos credores.

A pobre viúva recorreu ao profeta em busca de ajuda. Afinal, seu marido tinha sido um dos filhos dos profetas; ele era um servo de Deus. A resposta do profeta Eliseu, a princípio, pode causar espanto e até parecer estranha. Primeiro, perguntou o que a viúva achava que ele poderia fazer e, depois, o que ela tinha em casa. O que tiramos dessa postura do profeta são os seguintes ensinamentos:

1 • Por que achamos que a solução dos nossos problemas pode ser encontrada pelos outros? Acreditamos que as outras pessoas são mais capazes, inteligentes, bem sucedidas, fortes, que têm mais sorte ou são bem relacionadas. Quando se trata do caso do profeta, o fato é ainda mais interessante: ele era um Homem de Deus, ouvia as palavras do Senhor e as repetia para o povo. Mas o que impedia a mulher de pedir ajuda a Deus? Ela não possuía fé suficiente?

2 • Outro aspecto curioso é a pergunta que o profeta fez a ela sobre o que havia em casa. A princípio a resposta foi: nada. Depois, veio-lhe a lembrança de que só havia uma botija de azeite. Desprezamos o que temos em casa. Às vezes, nem enxergamos o que temos; acreditamos na maioria das vezes que não é o suficiente, adequado ou ideal.

Deus quer mudar as nossas perspectivas, mas pede para que você e eu façamos como essa mulher: que creiamos na Palavra de Deus, seja ela dita pelo Homem de Deus ou lida na Bíblia em casa. Deus é suficientemente poderoso para operar em sua casa, com o que você tem. Ele pode suprir sua necessidade e resolver os seus problemas. Ele abre os seus olhos e o entendimento para que a sua criatividade e esforços sejam recompensados. Creia e deixe Deus agir! Verá surpreso(a) que o profeta tem razão.

"A seguir, foi Jesus levado pelo Espírito Santo ao deserto para ser tentado pelo diabo."
Mateus 4:1

Tentação - Ainda Hoje é Assim - Parte 1

Relendo a passagem bíblica que apresenta as tentações que Jesus enfrentou, traçamos um paralelo com os dias de hoje e verificamos que elas se repetem. A nossa sorte é que temos na Bíblia, nas respostas de Jesus e em seu exemplo, o caminho da vitória.

Na carne – somos humanos e propensos a muitas limitações. Vivemos o tempo todo com os nossos sentidos voltados para as necessidades da vida: alimento, abrigo, procriação, cuidado com a prole, expansão territorial, segurança. Não são essas necessidades iguais às dos outros animais? Nossa diferença está no raciocínio e no espírito. Na mesma passagem, só que desta vez descrita por Lucas, no cap. 4:1, o autor acrescenta que Jesus estava "... cheio do Espírito Santo...". Esse detalhe faz toda a diferença na hora de enfrentar os desafios diários, concorrências, dificuldades e medos provenientes da consciência das nossas limitações.

A fome, por exemplo, abate, enfraquece, apavora e desanima. O inimigo sabe disso. Naquela ocasião, Jesus estava jejuando há 40 dias e 40 noites, e estava com fome. O diabo ofereceu uma saída rápida e fácil: "transformar a pedra em pão e acabar logo com isso". Por ser Jesus o Filho de Deus seria fácil e acabaria logo com o sofrimento da fome. Em certas situações, temos de escolher entre ter o "fácil" e fazer o "certo". Você se lembra das respostas? "Não só de pão viverá o homem, mas de toda a palavra que procede da boca de Deus".

Lembrete: alimente-se todos os dias com a palavra de Deus, onde estão registrados exemplos, promessas, milagres e testemunhos para a nossa vida diária. Ela fortalecerá a sua fé, propósito e espírito. Se Jesus não estivesse "cheio do Espírito", teria olhado para a sua fraqueza. Você pode estar fraco, abatido e sentindo-se limitado, mas encha-se da palavra de Deus, devore-a, tome posse de suas promessas e deixe que Deus cuide de você.

"Então, o diabo o levou à Cidade Santa, colocou-o sobre o pináculo do templo e lhe disse: Se és Filho de Deus, atira-te abaixo, porque está escrito: aos seus anjos ordenará a teu respeito que te guardem e eles te sustentarão nas suas mãos para não tropeçares nalguma pedra." Mateus 4:5 e 6

Tentação - Vaidade x Obediência - Parte 2

O diabo levou Jesus até o pináculo do templo e o desafiou, citando inclusive um trecho do Salmo 91, (observem bem, o diabo, até ele, conhece as escrituras, razão dobrada para que nós também as estudemos, pois, sempre que possível, ele tentará usá-las para confundir). A resposta de Jesus foi perfeita: "Também está escrito: não tentarás o Senhor, teu Deus".

Eu aprendo, com essa situação, importantes lições:

1 • Ao levar Jesus para o alto do templo, satanás quis expor Jesus. Lá ele podia ver a todos e todos podiam vê-lo; seria muito fácil realizar um milagre e mostrar a todos o seu poder e autoridade.

2 • Aliado a essa estratégia, houve ainda o desafio baseado na Palavra de Deus. Satanás citou trechos do Salmo 91, que fala sobre a proteção que Deus concede aos seus. Questionava-se se, naquele caso, ela seria real e funcionaria. Jesus sabiamente respondeu, citando outro versículo da Palavra que desarmou a armadilha criada pelo diabo.

3 • No salmo 91 a promessa de Deus era de proteger o justo em todos os seus caminhos conforme o versículo 11. O pináculo do templo era o lugar onde Jesus deveria estar? Não era o caminho Dele e sim uma tentação criada, um desvio, um desafio à autoridade de Deus, uma tentação. E seria vaidade mostrar poder aos outros - a intimidade de Cristo com Deus - ao invocar os anjos para satisfazer um desejo, um capricho e não para livrá-lo de um perigo real, do qual não teria culpa ou responsabilidade, pois Cristo não havia criado aquela situação. Seria realmente tentar a Deus.

Precisamos resistir ao impulso da vaidade, de querer nos mostrar para legitimar nossa autoridade ou poder. Devemos vigiar e pedir sabedoria para interpretar a Bíblia, obedecer a Deus e não tentá-lo em hipótese alguma.

"Levou-o ainda o diabo a um monte muito alto,
mostrou-lhe todos os reinos do mundo e a glória deles e lhe disse:
Tudo isto te darei se, prostrado, me adorares."
Mateus 4:8 e 9

Tentação - Cobiça - Parte 3

Você pode imaginar uma transmissão global na época de Cristo? Ver, ao mesmo tempo, todos os reinos do mundo e suas riquezas? Satanás queria impressionar Jesus a todo custo. Mostrar tudo o que ele seria capaz de fazer e conceder por um homem que o adorasse, ainda mais se tratando do Filho de Deus.

Nos dias de hoje não é diferente. O inimigo de nossas almas não mede esforços e nem recursos para "comprar" a adoração de um homem ou mulher que serve a Deus. Em um mundo repleto de pessoas corruptas, violentas, egoístas, carnais e dissimuladas, um cristão sincero, temente a Deus, compassivo, honesto e fiel, chama a atenção e desperta a curiosidade de muita gente. Quanto melhor o testemunho de uma alma salva por Cristo, maior será a tentação que lhe será oferecida.

O cristão sábio, que conhece as promessas de Deus e reconhece o alto preço que foi pago por sua vida, não se deixa encantar por nenhum "ganho fácil". Ele sabe que custou preço de sangue, o de Cristo, derramado na cruz. Portanto, sua alma pertence a Cristo, sua adoração já tem destino certo. "Ao Senhor teu Deus, adorarás e só a ele darás culto", cap. 4:10.

Fama, fortuna, poder, tudo isso é passageiro e, no final, o preço é alto demais. O cristão fiel que teme e serve a Deus de coração sincero será abençoado e servido, assim como foi com Jesus.

Lembre-se: a promessa de Deus de herdarmos a Terra tem início hoje. Seu testemunho e caráter lhe destacarão no meio do povo. A sua luz e o seu trabalho se sobressairão e Deus será louvado através de você.

"Este é o dia que o Senhor fez,
regozijemo-nos e alegremo-nos nele."
Salmo 118:24

Seu Maior Presente: Hoje

Pode ser um dia quente daqueles! Talvez seja um dia chuvoso e escuro como breu, ou então, aquele dia cujo frio esteja de doer os ossos. Não importa. Este dia é especial: ele foi preparado por Deus com o objetivo de demonstrar o cuidado, a atenção e o amor Dele por você.

Pode ser que neste dia você seja provado. É importante lembrar que uma provação é a oportunidade de ser "aprovado" por Deus e crescer na fé e em maturidade. Talvez você tenha a libertação de algo que o incomoda há muito tempo ou alguém que você ama, ou talvez você escape de um perigo iminente ou de uma armadilha montada para abalar você... Ou ainda receba uma bênção: algo que você vem pedindo com perseverança e o Senhor achou por bem atender neste dia, ou simplesmente, aprenda uma lição que o Senhor tem para lhe passar, seja ela no campo profissional, emocional ou até espiritual.

Comece este dia bendizendo a oportunidade que está recebendo de viver. Celebre a sua disposição, saúde, seu corpo perfeito e uma jornada pela frente para exercitá-lo. Agradeça pela noite passada, pelo café da manhã, família e trabalho. Inicie suas atividades com a firme, porém serena, determinação de fazer deste dia, um dia repleto de realizações, que podem ser pequenas, mas pensadas e arquitetadas com carinho e dedicação. Desfrute o caminho para o trabalho, o contato com as pessoas; experimente colocar todos os seus sentidos atentos a este dia e usufrua-os o melhor que puder.

Aceite os resultados, sejam eles favoráveis ou não, com espírito de humildade e a alma descansada, sabendo que Deus esteve no comando desde o nascer do Sol até o último minuto de luz deste dia. Este dia não poderia ter sido diferente. Foi como deveria ser. Satisfeito, durma em paz, pois este dia o Senhor já lhe deu; outros virão.

"O segundo, semelhante a este é: Amarás o teu próximo como a ti mesmo."
Mateus 22:39

Amando o Próximo

Embora pareça simples, este é um mandamento que desafia a capacidade humana de amar. Acostumamo-nos a classificar as pessoas em três grupos: as pessoas que amamos, as pessoas que não gostamos e as pessoas que nos são indiferentes, sejam elas conhecidas ou desconhecidas.

No entanto, para Deus não existe divisão de espécie alguma. Segundo o padrão do Senhor, todas as pessoas são o nosso próximo. Essa conscientização de nossa parte é necessária, pois pensar de forma contrária impede inclusive o nosso desenvolvimento espiritual e até o recebimento de bênçãos. Segundo a palavra de Deus, o próximo deve ser amado por nós, como nos amamos.

Recordando a passagem em que Jesus narra a Parábola do Bom Samaritano, que está no evangelho de Lucas, 10:25 a 37, temos: Ele estava ensinando esta verdade com uma comparação muito polêmica para a época. Um judeu, doutor da lei, havia perguntado a Jesus o que deveria fazer para herdar a vida eterna. Ele prontamente respondeu, citando os dois mandamentos: Amar a Deus e ao próximo. O doutor da lei, querendo "testar" Jesus, perguntou:

- Quem é o meu próximo?

Jesus então narrou a parábola e colocou um samaritano, povo odiado pelos judeus daquela época, como homem que soube amar o próximo, socorrendo um judeu que fora assaltado.

Nos dias de hoje, você ajudaria uma pessoa que você detesta ou que odeia você? Alguém que, de alguma forma, lhe prejudicou? Pense bem. Reflita com seu coração e sua alma, porque talvez essa pessoa seja o próximo que está entre você e Deus.

"Amarás o Senhor teu Deus, de todo o teu coração, de toda a tua alma e de todo o teu entendimento."
Mateus 22:37

O Coração de Abraão Amando a Deus Acima de Tudo

Este mandamento parece fácil, mas não é. Dificilmente um cristão ama a Deus dessa forma tão completa. Deus ama o homem eternamente, imensamente, profundamente, verdadeiramente e não mede sacrifícios por este amor. Portanto, ama incondicionalmente, também. O homem, por sua vez, julga amar a Deus, porém seu amor é condicionado.

A vida humana é cheia de altos e baixos; dias de alegrias e de tristezas; saúde e às vezes doenças, fartura e, em outras ocasiões, miséria. Cada situação determina o humor, a disposição, a fé e o amor do homem. É fácil bendizer a Deus em dias bons; difícil é amá-lo nos dias de provação.

Amar sem reservas é aceitar, confiar e compreender o outro. O homem duvida muito de Deus e facilmente O substitui no centro do seu coração, tornando-se, assim, prisioneiro de suas paixões, desejos e vontades. Abraão é o perfeito exemplo do homem que amou a Deus acima de tudo. Confiou nas promessas, obedeceu às ordens de Deus e creu no impossível.

A única vez em que Abraão substituiu Deus no centro do seu coração foi quando nasceu Isaac. Deus tratou de corrigir essa falha, pedindo que Abraão oferecesse seu filho em sacrifício. Deus provou o amor de Abraão por Ele e não se decepcionou. O patriarca estava pronto a sacrificar seu filho. Esta disposição agradou a Deus.

É claro que Deus não iria permitir esse sacrifício humano. A prova serviu para despertar Abraão. Deus concedeu tudo o que o patriarca podia imaginar e que podia desejar o seu coração: saúde, longevidade, riquezas, rebanhos, empregados, família, terras, posição e prestígio. No entanto, seu coração não estava apegado a essas coisas; elas não reinavam nele. Quem reinava absoluto em seu coração era o Senhor.

"Respondeu Abraão: Deus proverá para si, meu filho,
o cordeiro para o holocausto; e seguiam juntos."
Gênesis 22:8

O Coração de Abraão
Uma Lição para os Pais

Abraão aprendeu a conhecer a Deus, a esperar o tempo das promessas se cumprirem, a crer e a contemplar o impossível sendo feito pelo Senhor. Ele possuía tudo o que podia desejar, mas essas coisas não dominavam o coração de Abraão. No entanto, ser pai na velhice foi uma experiência inédita. Isaac representou para Abraão, um milagre, um sonho que se tornou realidade.

Enquanto Isaac crescia, também crescia o amor, o cuidado e a adoração de Abraão pelo menino. Ele esqueceu que Deus havia dado Isaac; portanto, o menino pertencia a Deus. "Herança do Senhor são os filhos..." (Salmo 127:3 primeira parte).

Hoje vemos pais criando filhos para si, tornando-os, ou pelo menos tentando torná-los, cópias, herdeiros, sucessores de sucesso. Estes homens querem se perpetuar nos filhos; esquecem que esses filhos foram confiados por Deus a eles, mas são almas preciosas que devem ser criadas para amar e obedecer ao Criador.

Quando Deus pediu Isaac em sacrifício a Abraão, quis ensinar-lhe importantes lições:

1 • Deus deve reinar absoluto no coração do homem. No caso de Abraão, Isaac havia se tornado o centro das atenções.

2 • Isaac, mesmo sendo filho da promessa, pertencia a Deus e Abraão não podia esquecer desta verdade.

3 • Deus quer obediência, sinal evidente de amor e confiança. Ele é capaz de cuidar do seu filho.

4 • Deus realmente é o Senhor da Providência; não quer sacrifícios vãos; ele prepara o cordeiro certo.

5 • Ao confiar a Deus o seu filho, Abraão estava se "desprendendo" da posse de seu filho e o entregando a Deus. Com as lições aprendidas, pai e filho viveram uma marcante experiência que revelou mais, acerca deste Deus a quem servem.

Pai de hoje, aprenda com Abraão: crie seu filho para Deus e não tenha medo de entregá-lo aos cuidados do Senhor. Não queira criá-lo à sua imagem e semelhança; respeite a individualidade dessa alma preciosa para Deus; ensine-o a palavra de Deus e permita que o Senhor o guie no seu próprio caminho.

"O temor do Senhor é o princípio da sabedoria e o conhecimento do santo é prudência."
Provérbios 9:10

Temor x Tremor - Respeito x Medo

Muitas pessoas confundem temor com tremor. Este engano causa danos ao bom relacionamento do cristão com Deus.

Temor deve ser entendido como respeito, uma admiração diante do Onipotente, Onisciente e Onipresente Deus. Quando reconhecemos o Senhor em toda a sua Glória, Poder e Majestade, uma profunda reverência invade o nosso ser e sentimos a grandeza deste Deus a quem servimos. Por essa razão está escrito que este temor é o princípio da sabedoria, pois somente uma pessoa esclarecida e sábia reconhece com quem está lidando.

Nos dias de hoje, você pode ser punido se faltar com o respeito ou desacatar alguma autoridade, seja de que área for e não adianta dizer que não sabia com quem estava lidando; a lei será aplicada. E nós estamos falando de autoridade humana! Como lidar com a falta de respeito/reverência com a máxima autoridade: a divina? Por misericórdia, "Deus não levou em conta os tempos da ignorância..." Atos 17:30, primeira parte, mas, com certeza, quando voltar para julgar os homens, saberá lidar com aqueles que, conhecendo-O, não O respeitaram e não lhe obedeceram.

Mas o conhecimento deste Deus evoca um sentimento mais nobre e verdadeiro do que simplesmente temor por ser uma autoridade. O temor envolve o cristão em um relacionamento baseado em admiração e respeito. Já o tremor, ou medo, afasta o cristão de um Deus verdadeiro e coloca o relacionamento na base do castigo ou punição. Tal relacionamento não gera sentimento genuíno.

Quando o versículo fala que o conhecimento gera prudência, destaca que nesse relacionamento, sendo verdadeiro e real, o cristão se conduz de forma diferente ao se dirigir a Deus, ao falar Dele e ao testemunhar sobre Ele. Com respeito, reverência e amor, pois sabe de quem está falando.

"Ele é como árvore plantada junto à corrente das águas que, no devido tempo, dá o seu fruto."
Salmo 1:3 - primeira parte

O Justo e as Quatro Estações

A vida do cristão é repleta de fases. A cada passo que damos na jornada da fé, vivemos experiências que visam amadurecer nossa convicção, fortalecer nosso caráter e exercitar nossa paciência.

Comparando com as estações, o cristão quando aceita Jesus como seu salvador, floresce no jardim de Deus. É primavera na sua vida; tudo é maravilhoso; novidade a todo instante. A beleza da Palavra de Deus é revelada e começa a fazer sentido no dia-a-dia do novo convertido.

Logo após essa fase, segue-se o verão, quando o "calor" do Espírito Santo aquece o coração do cristão e opera a força do "primeiro amor", onde impera o fervor, a dedicação e o desejo de salvar as almas perdidas. Há ânimo dobrado na hora de evangelizar. A oração é um momento de intensa comunhão e sempre há oportunidade e vontade de louvar.

O resultado segue-se ao da outra estação, o outono. Neste período o cristão "dá frutos" para o Reino de Deus: ganha almas, exerce com alegria e dedicação o seu trabalho da igreja, dá bom testemunho em casa, no trabalho e na sociedade. Enfim, alcança a plenitude da fé.

No entanto, não podemos esquecer a fase do inverno, onde, por algum motivo, sejam lutas, pecados, desavenças ou até cansaço, o cristão "esfria" na fé. Quando o ritmo vai diminuindo, a oração vai encurtando, o louvor desaparece e as idas à igreja se restringem ao domingo, espaçando-se cada vez mais. Ao atravessar esta fase, é necessário cuidado e paciência para não perder a direção e a fé, para não desistir, para lembrar das estações anteriores e de que, assim como veio o inverno, as outras estações voltarão. Lembrar que a seiva da vida de Cristo ainda corre em sua alma e que o Espírito Santo do Senhor habita o espírito do cristão.

Mesmo fraco e abatido, clame a Deus, busque a Face do Senhor, peça perdão pelos pecados e tenha em sua vida o milagre de reviver. Como as árvores brotam lentamente suas folhas após o inverno, o cristão renasce com Cristo novamente.

"Outra parábola lhe propôs, dizendo: o reino dos céus é semelhante a um grão de mostarda, que um homem tomou e plantou no seu campo. O qual é, na verdade, a menor de todas as sementes e, crescida, é maior do que as hortaliças, e se faz árvore, de modo que as aves do céu vêm aninhar-se nos seus ramos."
Mateus 13:31 e 32

O Mistério da Semente

Quando meditamos na parábola do grão de mostarda, ficamos admirados com o poder transformador da criação. Imagine que uma semente de 0,5 milímetros guarda todo o mistério da vida, do crescimento e do desenvolvimento. Quando lançada na terra, rompe-se e, deste pequeno grão, surge uma planta que pode atingir quase 3 metros de altura! Este milagre não acontece de forma instantânea, mas de forma lenta, silenciosa e segura.

O reino dos céus age de igual maneira, transformando, expandindo, realizando, fortalecendo, estabelecendo-se nas vidas humanas. Assim também é com a fé que, uma vez despertada, realiza grandes coisas, além da nossa compreensão, pois conta com a ação milagrosa e sobrenatural do reino de Deus.

A natureza está cheia de exemplos que mostram o quanto é imenso este mistério. Imagine uma semente de 4,7 miligramas ser lançada na terra e com o passar dos anos se transformar em uma sequóia gigante de 83 metros.

Pergunto, onde estava todo esse potencial? Adormecido na minúscula semente, esperando a ordem e o momento de despertar. Assim está a semente do reino de Deus em sua vida. Como a sua fé, pode ser minúscula, porém, quando o Espírito Santo começar a agir, assumirá a proporção milagrosa de Deus em toda a sua plenitude. Espere e verá.

De forma silenciosa, porém sólida e determinada, a semente do reino de Deus crescerá em você e em seu lar, transbordando para o trabalho. E todos ao seu redor virão até você, como as aves do céu que se acolhem nos ramos, em busca dessa fé e desse amor do Reino dos Céus.

"Eis que, hoje, eu ponho diante de vós a bênção e a maldição.
A bênção, quando cumprirdes os mandamentos do Senhor,
vosso Deus, que hoje vos ordeno.
A maldição, se não cumprirdes os mandamentos do Senhor, vosso Deus,
mas vos desviardes do caminho que hoje vos ordeno,
para seguirdes outros deuses que não conhecestes."
Deuteronômio 11:26 a 28

Bênção ou Maldição: Qual é a sua Escolha?

É claro que todos desejam ser abençoados; ser bem-sucedidos tanto no campo como na cidade; ter saúde no seu corpo, bem como ver toda a sua família saudável e feliz; ter fartura na mesa; segurança em seu lar e certeza de vitória em tudo o que fizer. Mas todos esses benefícios têm um preço: a obediência. Deus quer abençoar seu povo de forma generosa e permanente, mas, respeitando o livre-arbítrio de cada um, coloca diante de cada homem o direito de escolher.

É fácil dizer que quer ser abençoado, mas você está disposto a obedecer a Deus, guardar os seus mandamentos e viver segundo a Palavra Dele? Livre de vícios e tentações, exercitando o autodomínio, a compaixão, a bondade, o perdão, a generosidade, a mansidão e a fidelidade? Mudar o seu modo de viver e agir, procurando agradar a Deus e não se importando com a vontade humana?

Nos dias de hoje isso pode custar popularidade, sucesso na sociedade, grandes negócios ou até altas posições, mas, por sua vez, essas vantagens podem lhe custar a honra, a paz de espírito e a salvação. A escolha está nas suas mãos.

O que vai querer? Escolha viver, mas não apenas um breve momento de felicidade, mas viver eternamente com uma alegria verdadeira.

"Tenho, porém, contra ti que abandonaste o teu primeiro amor.
Lembra-te, pois, de onde caíste, arrepende-te e volta à prática das primeiras obras;
e, se não, venho a ti e moverei do seu lugar o teu candeeiro, caso não te arrependas."
Apocalipse 2:4 e 5

Corrigindo o Rumo

Quando leio as cartas enviadas às igrejas da Ásia, sinto o amor profundo e sério de Deus para com seu povo. Ele tem uma forma muito maravilhosa de repreender. Primeiro, elogia os esforços e conquistas de cada igreja e, depois, aponta as falhas que precisam ser corrigidas e as conseqüências se as mesmas não forem sanadas.

Na carta dirigida à igreja de Éfeso, Ele reconhece a perseverança e o trabalho da igreja. Mas destaca a tragédia que se abateu sobre os cristãos: perderam de vista o primeiro amor. Na jornada da fé, muitas vezes o cristão "se acostuma" a servir ao Senhor e passa a exercitar o trabalho cristão por obrigação e na aparência. Seu coração está distante, seu corpo presente, mas o pensamento está ausente.

No início, as primeiras obras eram realizadas com fé pura e verdadeira; a dedicação era fruto de um amor a Deus e à Sua Palavra. O Espírito Santo encontrava morada e seus conselhos eram ouvidos e seguidos. Com o passar do tempo, as orações viraram palavras repetidas; a mensagem é ouvida, mas não encontra eco no coração.

A ida à igreja é uma obrigação familiar ou social, não mais um encontro com Deus. A salvação é só um tema para pregação, quando deveria ser o assunto mais importante da vida do cristão e a volta do Senhor nem é mais esperada, pois poucos acreditam.

Estar vivendo essa situação é grave e as conseqüências, trágicas. Mas a boa notícia é que ainda há tempo para corrigir o rumo, rever os passos, descobrir onde foi a queda e, com a ajuda de Cristo, renascer na fé e voltar ao primeiro amor. O Espírito Santo ajudará e, com certeza, o candeeiro (a chama) se acenderá novamente e você servirá o Seu Deus com verdadeiro amor.

"Ela, porém, veio e o adorou, dizendo: Senhor, socorra-me!
Então, Ele, respondendo, disse:
não é bom tomar o pão dos filhos e lançá-lo aos cachorrinhos.
Ela, contudo, replicou: sim, Senhor, porém, os cachorrinhos
comem as migalhas que caem da mesa dos seus donos.
Então, lhe disse Jesus: Ó mulher, grande é a tua fé!
Faça-se contigo como queres.
E, desde aquele momento, sua filha ficou sã."
Mateus 15:23 a 28

A Mulher Cananéia - Fé e Humildade

Ao ler esta passagem, concluímos que a mulher que chamou Jesus comoveu o coração do Mestre e despertou a admiração Dele.

Por ser cananéia, de um povo estrangeiro e idólatra, não era bem-vinda entre os judeus, mas ela não se intimidava diante da hostilidade. Ela possuía uma filha endemoniada e o seu amor por esta criança desafiava todas as impossibilidades. O desejo de ver sua filha curada moveu essa mulher a ir ao encontro do Senhor Jesus. Ela saiu de sua cidade, viajou até onde o Mestre estava e não descansaria até que Jesus ouvisse sua súplica e atendesse o seu pedido. Ela chamava insistentemente e Jesus não respondia. Diante do silêncio do Mestre, ela voltou a chamar.

Os discípulos estavam incomodados, pois ela caminhava atrás deles e não parava de pedir socorro para sua filha. Jesus, então, respondeu que viera para as ovelhas de Israel. Ela não desistiu; veio e o adorou e voltou a pedir ajuda. Jesus disse a ela que as palavras, os milagres, a salvação, ou seja, o pão era para os filhos (judeus) e não para os cachorrinhos (para idólatras).

A mulher cananéia não se ofendeu, pelo contrário, em um gesto de humildade, declarou que bastavam as migalhas. Elas alimentariam. O poder de Jesus era tão grande que ela tinha certeza da cura de sua filha. Tal gesto de fé foi o suficiente: sua filha foi curada. Deus não fez acepção de pessoas; apenas as testa em sua fé. Legítima foi a fé da mulher cananéia. Ela creu que aquele Jesus era o filho de Deus, poderoso para salvar e curar. Se uma migalha de fé operou esse milagre, o que Deus não pode fazer por você?

"Por volta da hora nona, chamou Jesus em alta voz, dizendo: Eli, Eli, lamá sabactâni? O que quer dizer: Deus meu, Deus meu, por que me desamparaste?"
Mateus 27:46

Abandonado para Morrer

Acredito que o momento mais desesperador de Jesus na cruz foi quando seu Pai o abandonou para que Ele morresse.

Ao relembrarmos, por ocasião da Páscoa, os momentos finais de Jesus, podemos perceber todas as dificuldades que Ele atravessou por amor a nós.

- Foi traído por um amigo - Sabemos que confiar muito em alguém e ser traído por esta pessoa apunhala o nosso coração com a decepção e a tristeza.

- Seus amigos o abandonaram e fugiram - Quando você mais precisa de ajuda, aqueles que andavam ao seu lado lhe viram as costas e vão embora. Você fica sozinho. Sente a desesperança e o desânimo.

- Ser ridicularizado, espancado e torturado sem ter cometido crime algum – Sofreu a dor física e emocional produzida pelos castigos, flagelos e, ainda por cima, o escárnio e o repúdio das pessoas a quem ensinou sobre perdão e amor, a quem curou as enfermidades e expulsou demônios. A ingratidão e a incompreensão doem tanto quanto a tortura física.

- Morreu lentamente e foi exposto de forma cruel - Pregado pelos pés e mãos na cruz. Uma morte rápida seria menos dolorosa e traumática. Mas, não. Queriam que Jesus agonizasse e sofresse demoradamente, que pudesse enlouquecer de dor e desespero.

No entanto, Ele ainda possuía o consolo de ter seu Pai assistindo a tudo, sabendo que aquele sacrifício era o preço para a liberdade do homem. Porém, para que Jesus morresse, Deus teria que abandoná-lo no momento crucial. Esse abandono foi a solidão mais intensa e terrível que Jesus teve que enfrentar.

Finalmente, ao exalar o último suspiro, tudo se cumprira. Jesus venceu toda a dor, escuridão, sofrimento e abandono para morrer em nosso lugar. Para morrer e ressuscitar e dar a nós a certeza de que, na hora da nossa morte, não estaremos sozinhos, não seremos abandonados, mas, sim, estaremos com Cristo para sempre.

"Naquele mesmo dia, dois deles estavam de caminho para uma aldeia chamada Emaús, distante de Jerusalém sessenta estádios.
E iam conversando a respeito de todas as cousas sucedidas.
Aconteceu que, enquanto conversavam e discutiam,
o próprio Jesus se aproximou e ia com eles.
Os seus olhos, porém, estavam como que impedidos de o reconhecer."
Lucas 24:13 a 16

Caminhando com Jesus

A crucificação havia ocorrido. Jesus fora sepultado e ressuscitado. As notícias corriam entre os discípulos, mas poucos acreditavam. Nunca havia acontecido de alguém vencer a morte. Mesmo os discípulos que andavam com Jesus não compreendiam porque Ele teve que sofrer o que sofreu e morrer naquela cruz.

Alguns esperavam uma rebelião; que Jesus os liderasse em uma guerra contra os romanos e libertasse Israel. Eles não entendiam muito bem quando Jesus dizia que o "Seu Reino" não era deste mundo. As verdades espirituais que o Mestre procurava ensinar eram difíceis demais. Destruir e reconstruir o templo em três dias, então! Como seria possível? Eles não compreendiam como um homem tão poderoso e que realizava tantas curas e milagres podia ter morrido!

Os discípulos caminhavam pela estrada e não perceberam que o próprio Jesus estava com eles. Estavam tristes e confusos e precisavam de esclarecimentos. Jesus puxou conversa com eles e foi interpretando as escrituras e os profetas sobre o Messias, e os fatos que eles viveram. Explicou que o templo a que se referia era o Seu corpo. Que era importante vencer a morte, a última prisão. Que o Reino de Deus era espiritual e a verdadeira transformação do mundo seria através do evangelho e não da guerra. Depois de caminhar e, por fim, na hora da ceia, Jesus abriu-lhes os olhos e o entendimento e assim eles O reconheceram.

Jesus está vivo e caminha ao seu lado. Talvez você não O reconheça e precise entender o verdadeiro sentido das escrituras e crer na ressurreição do Mestre. Então, mais tarde, através do poder do Espírito Santo poderá vê-lo, senti-lo e saber que Ele vive!

"Uma vez dentro Moisés da tenda, descia a coluna de nuvem e punha-se à porta da tenda; e o Senhor falava com Moisés."
Êxodo 33:9

"Replicou-lhe Felipe: Senhor, mostra-nos o Pai e isso nos basta. Disse-lhe Jesus: Felipe, há tanto tempo estou convosco, e não me tens conhecido?"
João 14:9

"Não sabeis vós que sois o templo de Deus e que o Espírito de Deus habita em vós."
1º Coríntios 3:16

Deus em Três Dimensões com o Homem

Observe bem estas três passagens bíblicas acima e reflita comigo: como a nossa geração é abençoada! Estamos em uma época de maravilhosa comunhão com Deus.

No Velho Testamento, Deus se aproximava do homem através de uma coluna de nuvens durante o dia e de uma coluna de fogo à noite. O povo temia aquele Deus e somente homens como Moisés podiam falar com Ele. No Novo Testamento, Deus se fez carne e habitou entre nós através de Jesus. Seus discípulos conversavam com Ele face a face. Podiam abraçá-lo e ouviam Suas palavras.

Mas o tempo em que estamos vivendo é muito especial. Deus habita dentro de nós através do Espírito Santo. Ele pode estar com toda a humanidade. Aqueles que crêem Nele podem senti-lo, ouvi-lo, aprender com Ele e usufruir uma permanente comunhão.

Que mistério glorioso! Que poder imenso! Deus todo-poderoso que preenche todo o universo, cuja Terra é o escabelo dos Seus pés e o céu, o Seu trono. Também habita o coração do homem. Este milagre mostra o profundo amor de Deus pelo ser humano, a ponto de escolher o homem para habitar com sua glória. Somos o templo onde habitam Deus, o pai; o Filho e o Espírito Santo. Usufruamos esta bênção!

"Ainda que a figueira não floresça, nem haja fruto na vide;
o produto da oliveira minta e os campos não produzam mantimentos,
as ovelhas sejam arrebatadas do aprisco e nos currais não haja gado,
todavia eu me alegro no Senhor, exulto no Deus da minha salvação."
Habacuque 3:17 a 19

Um Canto de Esperança

Esta é uma das mais belas passagens bíblicas dos profetas menores. Habacuque desafiou as circunstâncias contrárias e as próprias limitações para entoar um canto de esperança.

Por que é tão importante ter esperança em situações de dificuldade ou até mesmo em tragédias? Simplesmente, porque a esperança eleva os nossos olhos para contemplar além do que está acontecendo. Ela nos dá força para enfrentar a realidade presente e avançar na futura. Desafia o desânimo e o desespero e convoca a coragem e a fé para vencer a batalha pelo coração humano. Estabelece os pensamentos e amplia a capacidade de buscar as soluções, possibilitando ao homem escapar do labirinto dos problemas.

A esperança é a chama que aquece a alma nas horas difíceis e conduz o coração pelas estradas da dor e da dúvida, rumo ao porto da segurança. O momento pode ser de decisões, sacrifícios e ações que podem gerar conseqüências diversas, mas a esperança nos garante que, com Deus no comando, qualquer que seja o resultado será o melhor para as nossas vidas. Deus enviou a esperança, pois ela é uma fiel condutora para os braços do Pai.

Creia como o profeta e nenhuma situação poderá abalar a sua convicção de que, no final, você sairá triunfante e louvará ao Senhor. Enquanto houver vida, haverá esperança; enquanto houver esperança, haverá a certeza de que tudo cooperará para o bem dos que amam a Deus.

"Tendo Salomão acabado de orar, desceu fogo do céu e consumiu o holocausto e os sacrifícios, e a glória do Senhor encheu a casa. Os sacerdotes não podiam entrar na Casa do Senhor, porque a glória do Senhor tinha enchido a Casa do Senhor."
2º Crônicas 7:1 e 2

A Glória de Deus enche o Templo

Quando Salomão orou e dedicou o templo que tinha acabado de construir ao Senhor, a resposta veio de maneira formidável e imediata: a glória de Deus desceu sobre o templo e encheu-o de tal maneira que nada nem ninguém entrava.

Para o povo, foi uma visão maravilhosa. Todos os filhos de Israel contemplaram a luz, o fogo, a majestade e o poder de Deus, mostraram-se admirados e adoraram este Senhor tão poderoso. A presença de Deus foi o sinal da aprovação e do desejo de permanência Dele entre os homens.

Uma casa preparada e dedicada ao Senhor, certamente será preenchida plenamente com a glória Dele. Por que digo estas coisas? "Não sabeis que sois santuário de Deus e que o Espírito de Deus habita em vós?" 1 Coríntios 3:16

Segundo Paulo, somos o "templo" onde Deus habita. Ciente dessa maravilhosa verdade, prepare seu coração, seu espírito, sua alma e principalmente seu corpo, para serem cheios da "Glória de Deus". Peça ao Espírito Santo que venha sobre você como a chuva, que preencha sua vida com plenitude e poder.

Quando a glória do Senhor encheu o templo, os sacerdotes não podiam entrar. Quando a glória do Senhor enche nosso corpo e nossa alma, nada mais entra, ou seja, repletos do Senhor não entram pensamentos ruins, sentimentos nocivos, práticas condenáveis, desejos ou perversões. Somos purificados e fortalecidos pela glória de Jesus.

Que a glória do Senhor possa transbordar e reluzir em ser e as pessoas admirem e louvem ao Senhor por sua vida, através de um testemunho de autoridade espiritual, sabedoria divina e amor incondicional. Que a glória do Senhor encha o templo! Aleluia!

"Não rogo somente por eles,
mas também por aqueles que vierem a crer em mim,
por intermédio da Sua palavra."
João 17:20

Jesus orou por Você

O Mestre, em sua onisciência, sabia que estava chegando a hora do sacrifício, da morte e da ressurreição, enfim, da batalha final por nossas vidas. Ninguém poderia imaginar naquele momento os sentimentos e pensamentos de Jesus, mas uma certeza nós temos: ele estava disposto a beber até a última gota do cálice que o pai apresentava.

Em sua oração Ele entregava aos cuidados do Senhor Deus os seus discípulos amados que, naquele instante, não faziam idéia do que estava por vir. Intercedia e rogava ao Espírito Santo que os consolasse por ocasião das dificuldades, perseguições e provações que viriam para os que ousassem crer nos seus ensinamentos e se atrevessem a divulgá los. Ele também sabia que seu evangelho alcançaria tribos, reinos e nações de todo o mundo e que, nestes lugares, as dificuldades seriam diversas.

Conhecendo o inimigo que O enfrentava, Jesus tinha convicção de que o mal avançaria sobre seus discípulos e sobre as demais pessoas que viessem a crer na Palavra da Verdade. Ele rogou a Deus por eles, por mim e por você. Pediu proteção, santificação, poder e glorificação para cada um de nós. Sabemos que o Pai atendeu, pois, após o Pentecostes, os discípulos receberam tudo o que Cristo pediu e a igreja surgiu: poderosa, unida, fervorosa e gloriosa, espalhando-se por todo o mundo e chegando até nós.

A oração de Jesus nos incluiu. Temos de Deus esses mesmos privilégios e missão. Tomemos posse desses direitos e prossigamos, anunciando a Palavra com autoridade e poder, e glorificando ao Senhor com o nosso viver.

"Aquietai-vos e sabei que eu sou Deus,
serei exaltado entre as nações,
sou exaltado na guerra."
Salmo 46:10

Administrando a Ansiedade

Em todas as manhãs, acordamos agitados, com milhões de coisas para fazer; estamos apressados demais para um bom e descansado café da manhã. Afinal, temos de enfrentar o trânsito, o desgaste com o tempo da chegada e o início dos trabalhos, e a constante preocupação de esperar as "outras pessoas" realizarem o que falta para que, finalmente, possamos completar a tarefa ou fechar um negócio.

Antes que você tenha um colapso nervoso, uma depressão ou uma parada cardíaca, ouça a voz de Deus: - **Aquietai-vos.**

Pare! Respire calmamente, pausada e profundamente. Os seus dias têm sido uma sucessão de trabalhos, reuniões, obrigações que não terminam e se avolumam cada vez mais, quando não trocam de forma e conteúdo, tornando-se ainda mais complicados e desgastantes? A vida é assim! Dificuldades e desafios sempre existirão, mas a sua reação diante dessas situações fará toda a diferença. Se você entrar em pânico, as dificuldades virarão problemas que se acumularão, criando, assim, uma crise, que se não for resolvida pode levar ao caos total. Deus entra em cena somente quando você pede que Ele assuma o controle e, com o poder da Palavra, oriente seus passos.

O Senhor é um Deus de ordem; todas as coisas funcionam em seu Reino em perfeita harmonia. Esta mesma ordem Ele quer colocar em sua vida. A ansiedade impede o bom funcionamento da inspiração, da concentração e do raciocínio.

Aquiete a sua mente, acalme o seu coração e confie em Deus. Aprenda a respeitar o seu limite e o limite dos outros, lembre-se que, segundo o Salmo 103:14, "somos pó". Nosso tempo é o mesmo e cada hora vai passar na mesma velocidade. Tenha sempre em mente que não somos tão fortes, eternos e indispensáveis quanto pensamos ser.

Reverencie a vida! Celebre as suas conquistas básicas, tão essencialmente importantes: saúde, família, amigos e, principalmente, celebre a sua vida e seu Deus em perfeita comunhão, dando assim um novo olhar sobre as suas realizações. Suas conquistas terão o mesmo mérito, porém, com um sabor diferente: menos desgaste, sacrifícios e cansaços, mais gratidão, humildade e serenidade.

"Lembra-te do teu Criador nos dias da tua mocidade,
antes que venham os maus dias e cheguem os anos dos quais venhas a dizer:
não tenho neles contentamento."
Eclesiastes 12:1

Enquanto é Tempo

Acreditamos que temos todo o tempo do mundo para realizar tudo o que queremos; desejamos "curtir a vida" e só depois pensaremos nessas "coisas de igreja", ou seja, no compromisso de ser cristão: ler a Bíblia, orar e ir à casa de Deus. Desperdiçamos oportunidades de fazer a vontade de Deus em nossas vidas por preguiça, vaidade, luxúria, egoísmo, indiferença e medo de perder a liberdade de escolha das próprias vontades.

As pessoas desconhecem que viver segundo a Palavra de Deus e seu padrão de conduta não reduz a liberdade de ninguém; estabelece sim uma série de critérios que qualificam a vida do cristão. Todas as coisas são permitidas, porém, nem todas convêm ao jovem que escolhe viver uma vida santificada, separada, equilibrada, justa, honesta e sadia, seguindo os sábios conselhos do Senhor.

A juventude pode ser uma fase recheada de excessos, aventuras ou verdadeiras loucuras. No entanto, devemos estar preparados para as conseqüências a curto, médio e longo prazo dessas atitudes. Seguir a sua vida com Cristo garante uma jornada inesquecível, com equilíbrio, compaixão, sabedoria, saúde física, mental e espiritual e, no final, a vida eterna.

Quando chegarem os dias de enfrentar a velhice, colherá os frutos semeados durante a sua juventude, junto de seus pais, irmãos, cônjuge, filhos e do seu próximo. E, finalmente, diante da morte, a certeza de vitória com Jesus Cristo.

"Lança o teu pão sobre as águas, porque depois de muitos dias o acharás."
Eclesiastes 11:1

Pregando a Palavra

Toda e qualquer oportunidade que tivermos de fazer o bem e de semear a Palavra de Deus não deve ser desperdiçada. Nada deve impedir a boa palavra sair da sua boca e nem a boa ação de suas mãos. Deixe de lado a vergonha, o medo e a timidez, ou qualquer que seja a limitação que tente deter a sua vontade de fazer o que o Senhor tiver colocado em seu coração.

Muitas pessoas precisam de uma palavra de conforto, esperança, uma orientação ou até uma repreensão e Deus conta com você. Pode ser uma conversa no trabalho, no ponto de ônibus, na sala de aula ou simplesmente em uma caminhada. Talvez seja um conhecido, um amigo, um parente ou até um estranho que você esteja vendo pela primeira vez. Não importa, você precisa lançar o pão, falar a palavra, agir segundo a orientação de Deus.

Pode parecer que a princípio foi apenas uma simples conversa, mas creia que o Espírito Santo vai agir no coração da pessoa que recebeu a Palavra e, quem sabe, você ainda terá o privilégio de ver a obra realizada e o fruto da semente que você lançou? Cura, libertação, perdão. Lance o pão e deixe que Deus faça o restante. Não se detenha! Siga orando, testemunhando e pregando a Palavra. Com certeza o Senhor lhe revelará um dia o resultado glorioso de seus atos de fé.

"Quem observa o vento nunca semeará e o que olha para as nuvens nunca segará."
Eclesiastes 11:4

Não espere Acontecer, Faça Acontecer

Desde que me entendo por gente, ouço nos noticiários e leio nos jornais que estamos vivendo uma "crise", seja interna ou externa, local ou global. Vozes pessimistas anunciam tempos difíceis com sacrifícios para todos nós.

Deus nos tem dado, dia após dia, o dom da vida, saúde, inteligência, disposição, um planeta em perfeitas condições, sol, chuva, terra, onde se plantando, tudo dá, ou seja, temos condições físicas e mentais para escrever a nossa história. Não devemos sujeitar nossa vontade e realizações aos prognósticos alheios.

O agricultor experiente sabe que tem de lançar a semente no tempo certo. Se passar da época, compromete o plantio. Ele não sabe se vai estiar, chover demais ou se enfrentará praga em sua plantação. De uma coisa ele tem certeza: se ficar esperando ocasião propícia, para ter segurança do tempo ou esperar um período sem perigo de pragas, não vai semear nunca.

Sabemos que a palavra "crise" para certos povos do Oriente também significa "oportunidade", pois a escrita é a mesma para eles. Viver o tempo todo com receio dos acontecimentos inibe investimentos, atrasa expansões e impede realizações. Crer que Deus está abençoando o seu trabalho, ou negócio, significa que, por fé, estará desafiando as circunstâncias e avançando confiante na Palavra de Deus e no seu esforço legítimo e direcionado.

Você pode perceber que, independente da situação estabelecida, muitas pessoas seguem com seus planos e muitas empresas com seus negócios. Agindo com prudência e firmando-se na experiência do agricultor, esteja preparado para todos os resultados, mas creia em Deus e em você. Não espere mais, faça acontecer!

"E seja sobre nós a graça do Senhor, nosso Deus, e confirma sobre nós a obra das nossas mãos; sim confirma a obra das nossas mãos."
Salmo 90:17

A Bênção de Deus sobre Nossas Realizações

Nas ocasiões em que realizamos nossas obras, nossos projetos ou trabalhos cuidadosamente estudados, elaborados, seguindo todos os passos e, no final, por uma infelicidade, um detalhe, um imprevisto, tudo dá errado, sentimos enorme frustração. Depois vem a pergunta:

– Onde foi que eu errei? Parecia perfeito!

Pois é: parecia. Em certos momentos precisamos avaliar sob outros aspectos e pontos de vista, começando por olhar pelo lado de fora, com o olhar de outra pessoa e também pela ótica de Deus. Durante o processo de realização de qualquer trabalho, precisamos prestar atenção em certos aspectos:

1 • Conceito de benefício: irá beneficiar somente a mim ou aos demais?

2 • Conceito ético: está certo, é moral, é legal, não vai prejudicar ninguém?

3 • Conceito de repercussão: irá demonstrar a todos a minha capacidade, respeitabilidade e credibilidade?

4 • Conceito de testemunho: por ser um cristão, estarei glorificando a Deus com essa realização?

Outros conceitos podem ser incorporados para a sua análise, porém, estes são fundamentais. Principalmente o último, no que se refere à aprovação e à benção de Deus. Seja na vida secular ou nas atividades da igreja, orar pedindo a aprovação de Deus e a confirmação das obras de nossas mãos age em nosso favor. Tal atitude elimina o orgulho, a vaidade, a prepotência do nosso ego, ensina a humildade e a firme convicção de que se Deus estiver aprovando e abençoando, seremos bem-sucedidos. E ao glorificarmos, iremos fazê-lo em nome do Senhor, dando a Ele o devido crédito.

"Cria em mim, ó Deus, um coração puro e renova em mim um espírito reto."
Salmo 51:10

Um Coração Puro

Os tempos modernos produziram inúmeros avanços tecnológicos, criaram modas, tendências e moldaram civilizações, transformando sociedades, modificando comportamentos e invertendo valores. Acompanhando os noticiários, vemos com tristeza o pouco valor que a vida está tendo no conceito das pessoas. Mata-se por qualquer motivo ou até sem nenhum. Não existe mais compaixão, as pessoas perderam a capacidade de sentir a necessidade do próximo; no máximo, contemplamos o problema alheio com uma curiosidade mórbida ou indiferença.

Ninguém se envolve, porque tem mais o que fazer; precisa cuidar de seus interesses, querendo cada vez mais se dar bem. O coração do homem é facilmente conduzido pelas paixões, desejos e sensações. Inconstante e insensato, deixa-se seduzir com facilidade e, nos dias de hoje, são muitas as formas de conduzir, influenciar e provocar pessoas a realizar ações movidas por impulso.

O pecado sempre encontra lugar em um coração desatento e se manifesta de várias formas, segundo as tendências daquele coração: ira, luxúria, falsidade, egoísmo, avareza e tantos outros. Temos, como exemplo, Davi, que, embora fosse rei e tivesse sua esposa, encantou-se por outra mulher, Betsabá. Um coração que se deixa levar por um sentimento errado gera um desejo proibido, conduzindo-o para uma ação pecaminosa.

Davi desejou Betsabá e agiu para consegui-la, enviando o marido dela para a frente de uma batalha; assim, condenou-o à morte. Mas não pensemos que Deus vê tudo isso e deixa impune. Davi sofreu duramente as conseqüências desse ato. Investiguemos nosso coração e identifiquemos nossas fraquezas; vamos entregar a Cristo nosso coração e pedir a Ele que o purifique e renove em nós um espírito que ame a retidão e a pureza. Mesmo que desejemos ardentemente algo que o nosso próximo possa ter, oremos a Deus para termos o que é nosso de direto, o que o Senhor tem preparado para nós.

"Portanto se trouxeres a tua oferta ao altar e
aí te lembrares de que teu irmão
tem alguma coisa contra ti, deixa ali
diante do altar a tua oferta
e vai reconciliar-te primeiro
e depois vem e apresenta a tua oferta."
Mateus 5:23 e 24

Fazendo as Pazes

Deus quer nos abençoar inteiramente, desde a saúde do corpo, felicidade conjugal, sucesso financeiro e profissional, enfim, Ele quer que sejamos completamente felizes. Mas, não depende só Dele: precisamos fazer a nossa parte.

As bênçãos do Senhor ficam no meio do caminho, porque exatamente entre Ele e nós está o nosso irmão, o nosso próximo. Quantas vezes questionamos Deus por pensar que estamos sendo corretos e, as bênçãos, demorando a chegar, e esquecemos que há muito tempo não falamos com nossos pais, não perdoamos nosso irmão, brigamos com o vizinho, ofendemos um colega de trabalho ou prejudicamos um concorrente? Não nos arrependemos, porque a vaidade é maior que a humildade. Pensamos que já passou muito tempo e ninguém se lembra mais do episódio, mas Deus tem tudo registrado e talvez seja este o impedimento.

Razão pela qual, hoje, o Senhor está falando com você e pedindo que se lembre. Não deixe sem solução, por mais insignificante que possa parecer. Para Deus é importante que você tome uma atitude sinceramente cristã. Se foi culpa sua ou não, Deus está esperando que você esclareça, peça perdão e se reconcilie. Mesmo que a pessoa não queira perdoar, faça a sua parte. Deus receberá você e sua oferta, poderá abençoá-lo, pois não haverá mais impedimentos e tenha certeza de que, se seu irmão vier também, a vitória será completa.

"Disse-lhes Jesus: Eu sou o caminho e a verdade e a vida.
Ninguém vem ao Pai, se não por Mim."
João 14:6

Jesus, o Único Caminho

Esta declaração não deixa dúvida alguma: o caminho, único e verdadeiro, de se chegar a Deus é através Dele, Jesus, o Cristo. Muitas religiões apontam diversos caminhos, sacrifícios pessoais, intermediários estágios de vida, atitudes e comportamentos pelos quais, segundo elas, chega-se a Deus. São caminhos exóticos, alguns curtos e agradáveis, outros longos e tortuosos, porém, são desvios e não conduzem para o destino desejado. Não existe atalho para a salvação; existe apenas o caminho: Jesus Cristo, o filho de Deus.

Muitos profetas vieram e anunciaram caminhos de iluminação, plenitude, realização e êxtase. No entanto, somente Jesus pode conduzir o homem diretamente para os braços de Deus. Somente através do Seu sacrifício na cruz, temos o perdão total dos nossos pecados, reconciliação com o Senhor e podemos chamá-lo de Pai. Não sobrou opção. Jesus foi bem claro quando disse ser o caminho e não um dos caminhos.

A verdade é eterna, sempre atual, continua produzindo seus efeitos e alcança a todos. Jesus é assim: sempre existiu com Deus, veio ao mundo para estar com o homem e resgatá-lo para Deus, independente de raça, cor, idade, nacionalidade ou condição social. Em qualquer momento de nossa vida, Ele é o mesmo e a Sua palavra tem o mesmo poder: libertar o homem das garras do pecado, restaurar a sua natureza, dando-lhe uma nova vida e ainda garantir, com seu sacrifício, a vida eterna para quem Nele crer.

"Linguagem sã e irrepreensível, para que o adversário se envergonhe, não tendo nenhum mal que dizer de nós."
Tito 2:8

O Linguajar do Cristão

Cristãos conscientes de que estão permanentemente dando testemunho de sua fé através de seu comportamento vigiam as palavras que saem de sua boca. Linguagem sã e irrepreensível significa vocabulário escolhido: sem gírias, palavrões, expressões maliciosas e vulgares.

Tanto o homem como a mulher, de qualquer idade ou condição social, são identificados e classificados mediante um conjunto de fatores que compõem sua figura: aparência, forma de vestir, comportamento e, principalmente, suas palavras. Prestando atenção ao nosso redor, existem pessoas que se expressam bem, escolhem as palavras e até o tom de voz na hora de falar. Outras, no entanto, alteram-se, exageram nas expressões ofensivas, usam gírias e palavras vulgares. Tanto o primeiro tipo quanto o segundo ficam marcados e, quando se afastam, podemos ouvir os comentários que fazem a respeito deles.

Imagine agora o que falam a seu respeito. Como é o seu linguajar, quais as expressões que você mais usa, seu vocabulário glorifica a Deus? Observe o conselho que Paulo deu a Tito. Um cristão que fala, de maneira educada e mansa, palavras de benção evita xingamentos, gírias e palavras de duplo sentido, e envergonha o diabo, que não encontra motivo para falar do comportamento do servo de Deus.

Ser cristão é estar constantemente testemunhando uma nova vida, um novo ser, renascido com Cristo, não praticando mais os erros do passado e nem falando as antigas palavras.

"Para que ao nome de Jesus, se dobre todo joelho dos que estão nos céus, e na terra, e debaixo da terra. E toda língua confesse que Jesus Cristo é o Senhor, para a Glória de Deus Pai."
Filipenses 2:10 e 11

"E em nenhum outro há salvação, porque também debaixo do céu nenhum outro nome há, dado entre os homens pelo qual devamos ser salvos."
Atos 4:12

O Nome de Jesus

O texto da Bíblia é bem claro e a nossa fé é bem específica: somos cristãos e acreditamos que só através de um nome temos acesso ao nosso Deus: Jesus. Em nome de Jesus, entramos na presença de Deus, através do sacrifício de Jesus na cruz, e tão somente por intermédio Dele podemos alcançar justificação e perdão dos nossos pecados.

O nome de Jesus foi exaltado por Deus e recebeu autoridade e poder celestiais. Ao Seu nome as potestades se submetem, demônios são expulsos, doenças são curadas, vidas recebem a presença do Espírito Santo e são restauradas. Jesus é o único e suficiente Salvador de nossas vidas. Ao orarmos para Deus, não existe outro mediador: nem santo, padroeira, anjo, arcanjo ou espírito qualquer. Somente Jesus Cristo, que está à direita de Deus, pode interceder por nós e receber de Deus, para nós, o que pedimos ou precisamos.

Estando em dificuldades, sofrimento, desamparo, desconsolo ou desespero, se não conseguir lábios para orar, chame por Jesus, repita seu nome, clame por Ele. Tenha fé de que a paz que excede todo entendimento encherá seu coração. Quero que saiba que se você não consegue chegar até Deus, Jesus desce e vem ao seu encontro.

"Então Jesus, parando, mandou que lho trouxessem; e, chegando ele, perguntou-lhe, dizendo: que queres que te faça? E ele disse: Senhor, que eu veja. E Jesus lhe disse: vê, a tua fé te salvou."
Lucas 18:40 a 42

Fé Objetiva - Seja Objetivo com Deus

Esta passagem da Bíblia nos ensina sobre a necessidade de sermos objetivos com Deus. Quando Jesus estava passando por Jericó, um cego estava esmolando à beira da estrada. Quando soube que aquela multidão que ele ouvia seguia o mestre Jesus de Nazaré, começou a clamar em alta voz:

– Jesus, filho de David, tem misericórdia de mim!

O cego foi perseverante. Mesmo sendo repreendido pelas outras pessoas, continuou a clamar até chamar a atenção de Jesus. Quando Jesus mandou que o trouxessem, diante do cego perguntou:

– Que queres que te faça?

Era óbvio que Jesus sabia o que o cego queria, mas estava esperando que o pedido fosse feito de maneira clara e objetiva. Afinal, o cego clamava por misericórdia, que pode ser demonstrada de várias maneiras. Até uma esmola é uma forma de ajuda, não é? Mas para curar a cegueira, somente o filho de Deus teria poder. E Jesus queria saber se o cego tinha a fé de que estava diante daquele que poderia curá-lo.

Quando você clamar por Jesus, aproxime-se com a mesma fé que o cego teve. Ao pedir por um milagre, uma cura, um emprego, uma libertação ou a salvação sua ou de alguém que ama, creia que está diante daquele que pode resolver e tenha a certeza de que receberá. Seja feito conforme a sua fé.

"Jesus respondeu:
na verdade, na verdade te digo que aquele
que não nascer da água e do Espírito,
não pode ver o reino de Deus."
João 3:3

Novo Nascimento

Existem mistérios que fogem à compreensão humana. Viver uma vida espiritual com Jesus Cristo desafia a lógica. Afinal, a fé pertence ao território da ação celestial; não pode ser medida ou pesada, muito menos, mensurada de forma concreta.

Tentar compreender o reino de Deus através da inteligência irá levar qualquer pessoa racional a achar que Deus opera de forma absurda e vai ficar confusa com a lógica que Ele utiliza, achando loucura ou insensatez. O que nosso Deus quer mostrar é que a sabedoria humana é inútil diante das coisas espirituais que Ele, o Senhor, tem preparado para os seus.

Como você pode compreender que Deus, que ocupa todo o espaço, Senhor do Universo, cujo Céu é o trono e a Terra o estrado dos seus pés, possa residir em você através do Espírito Santo? Tente entender como o nome de Jesus tem poder de realizar, no mundo espiritual, mudanças tão poderosas que irão refletir no seu mundo real através de curas maravilhosas e libertações? Como acreditar que Jesus ressuscitou e hoje vive ao lado de Deus e que, se quiser, pode falar e ser ouvido, ecoando dentro de você? E os milagres da Bíblia, as transformações que você assiste nas pessoas que se convertem? E como pode um livro como a Bíblia atravessar séculos e fronteiras e continuar a exercer esse poder nas pessoas que a lêem?

Para entender, enxergar e entrar no reino de Deus, dispa-se das suas convicções e da lógica do seu raciocínio e morra para este mundo carnal. Venha nascer de novo pela fé.

"Mas Deus escolheu as coisas loucas deste mundo para confundir as sábias e Deus escolheu as coisas fracas deste mundo para confundir as fortes. E Deus escolhe as coisas vis deste mundo e as desprezíveis e as que não são para aniquilar as que são. Para que nenhuma carne se glorie perante Ele. Para que vossa fé não se apoiasse em sabedoria de homens, mas no poder de Deus."

1º Coríntios 1:27 e 29 - 2:5

Como Deus Age

É interessante a forma como Deus age para mostrar ao homem seu poder e sua glória. Ele parece inverter o poder natural das coisas. No entanto, Deus apenas deixa bem claro que cabe a Ele a ordem de todas as coisas no Universo. Imagine as experiências do povo de Deus na Bíblia: ser alimentado no deserto com pão caído do céu; beber água que sai de uma rocha; tais milagres promovem o soberano poder da previsão de Deus. Atravessar o mar, não em navio, mas a pé; derrubar muralhas no grito; ver o Sol e a Lua pararem no céu até vencerem uma batalha; tais demonstrações revelam um Deus poderoso para realizar maravilhas.

Ele escolheu homens simples, do povo, para instruí-los e capacitá-los espiritualmente a realizar tarefas humanamente impossíveis: levar a palavra de Deus com poder e autoridade a todos os cantos da Terra, realizar curas e milagres inexplicáveis para a ciência da época e até para os dias de hoje. Jesus desafiou a lógica a partir do momento em que, dividindo, multiplicou e alimentou milhares; ressuscitou o que estava declaradamente morto e enterrado há 4 dias; dominou os poderes da natureza, acalmando a tempestade e andando sobre as águas; venceu os limites do corpo com castigos que matariam qualquer ser humano fisicamente preparado; morreu e ressuscitou e, por fim, desafiou o tempo, o espaço e a gravidade, elevando-se aos céus em um corpo que desafia até a física quântica.

Deus desafia todas as leis e lógicas para ocupar espaço no coração do homem com o Espírito Santo e realizar obras das mais maravilhosas entre os seres humanos, transformando perseguidores em perseguidos, como fez com Paulo, e erguendo, em todos os lugares deste mundo, pessoas para falar em seu nome e realizar as mesmas obras de curas e libertações que continuam a desafiar os cientistas e sábios, em nome de Jesus. Tudo isso para que dobremos nossos joelhos e, com nossa voz, glorifiquemos a Deus e reconheçamos que somente a Ele pertence todo poder, honra e glória para sempre.

"Esperei com paciência no Senhor e
Ele se inclinou para mim e ouviu o meu clamor."
Salmo 40:1

Aprendendo a Esperar

Vivemos em uma sociedade impaciente, apressada e cada vez mais acelerada. Esperar não é muito agradável para as pessoas em geral, no entanto, embora não queiram, em determinados momentos da vida é o que se tem de fazer. Quando se trata das promessas de Deus, esperar com paciência é a recomendação do salmista Davi. O tempo de Deus é diferente do nosso, os planos de Deus são revelados aos poucos, exigindo-nos confiança e determinação em esperar.

Meditando sobre a história de José, que está em Gênesis, de 37 a 47, o jovem sonhador que foi vendido como escravo pelos irmãos, aprendo com ele a forma de esperar pelas promessas de Deus. Quando era apenas um adolescente, Deus já mostrava em sonho seu futuro glorioso, porém, até alcançá-lo, José passou por muitas tribulações, injustiças e até por uma temporada na prisão.

No tempo que esperou até o cumprimento das promessas de Deus, José não ficou parado, resmungando, lamentando-se ou ainda praguejando contra Deus. Enquanto esperava, veja o que ele fez:

1 • Ouviu e aprendeu – quando foi vendido para Potifar, aprendeu a trabalhar, organizar e administrar a casa do seu senhor; tornou-se digno de confiança e desenvolveu habilidades e conhecimento. Quando foi acusado injustamente pela mulher de Potifar, não agiu de forma violenta, apenas esperou pela justiça que Deus faria.

2 • Desenvolveu relacionamentos – ele conheceu todos os ambientes do Egito, inclusive a prisão. Enquanto escravo, conheceu o tratamento dado a esta classe de pessoas. Na prisão descobriu como são tratados os prisioneiros. Relacionou-se e conquistou a confiança de todos. José conheceu as pessoas do Egito como ninguém, e quando Deus concedeu a oportunidade de governá-las, ele o fez com sabedoria e prudência, autoridade e misericórdia, ordem e disciplina. Utilizou habilidades e valores que ele desenvolveu enquanto esperava pela ação de Deus. Mal sabia que Deus esteve agindo o tempo todo e que cada situação o estava preparando, moldando-o e amadurecendo-o para que estivesse pronto no momento certo.

Não espere sentado, de braços cruzados, pela bênção do Senhor. Prepare-se, aprenda com José; assim, quando a promessa chegar, você estará pronto para merecê-la.

"Em paz também me deitarei e dormirei, porque só tu, Senhor, me fazes habitar em segurança."
Salmo 4:8

Um Sono Tranqüilo

O que nos impede hoje de dormir um sono tranqüilo? Alguns vão responder:

1 • As pressões do dia-a-dia: preocupação com o trabalho; os problemas vão para casa, ficam martelando na mente e não nos deixam dormir.

2 • Área financeira: contas vencidas, contas por vencer, despesas cada vez maiores, gastos inesperados e a própria falta de recursos.

3 • Problemas emocionais: situações conjugais não resolvidas, brigas familiares, desavenças por diversos motivos que afetam a estabilidade emocional.

4 • Problemas de saúde, sejam da pessoa, sejam de um membro da família.

5 • Atual situação de violência urbana e o temor pela vida.

Podemos enumerar outros motivos, de diversos graus e importância, que também podem tirar o sono de qualquer um. Agora, no entanto, vem a pergunta: – Como garantir um sono tranqüilo com tantos problemas? Assim que for se deitar, tente entregá-los para o Senhor cuidar. Experimente colocá-los diante de Deus em oração. Realize a cerimônia de passar a carga que você está carregando para os braços do Senhor e receba Dele o alívio e a paz. Exatamente igual a retirar do corpo a roupa usada para o trabalho e trocar por uma confortável para dormir. Acredite que Deus é poderoso e não dorme nem um segundo sequer. Ele continua trabalhando enquanto você descansa. Deus assegura proteção para você e sua família por amor do Seu nome.

Coloque em seu coração a certeza de estar sob a guarda do Senhor dos Exércitos; livre-se do peso da angústia e da preocupação, lance sobre Jesus toda a sua ansiedade, deite-se e durma seguro nos braços do Pai. Creia que a solução está a caminho, que poderá ser revelada em sonho ou então no novo dia que começará, onde você acordará disposto, revigorado e pronto para um novo dia de vitórias em nome de Jesus.

"Orai sem cessar." 1º Tessalonicenses 5:17

As Diversas Formas de Oração

Poucos cristãos desfrutam plenamente dos momentos de oração para estabelecer uma profunda comunhão com Deus. Orar não é um monólogo, onde o homem repete frases, fala sem pensar ou simplesmente segue um texto decorado. Orar é conversar com Deus, sentir sua presença, encher-se da glória do Senhor e transbordar de alegria e paz.

A oração se divide em diversas partes, todas elas necessárias e fundamentais para compor um diálogo completo e maravilhoso com o Pai:

1 • Oração de louvor/adoração: entrar na presença de Deus, reconhecendo sua majestade, poder, glória e santidade. A oração de louvor é a maneira de iniciar um momento especial com Deus; ela enche o nosso coração com sentimento de adoração.

2 • Oração de gratidão: agradecer a Deus por todas as bênçãos recebidas é uma forma de reconhecer tudo o que foi feito e nos dá a dimensão do quanto Deus já agiu em nossa vida, deixando-nos cientes dessas manifestações de amor e cuidado.

3 • Oração de confissão: a necessidade de expor as fraquezas e os erros cometidos para receber de Deus o perdão, a justificação e a purificação, bem como força para resistir a outros pecados que possam vir.

4 • Oração de súplica/petição: colocar diante de Deus as necessidades, tribulações e provações que se estiver atravessando, pedir ajuda, libertação, cura, paciência, paz e vitórias sobre as lutas.

5 • Oração de intercessão: pedir pelos outros, defender o próximo, buscar auxílio Divino para atender ao pedido de um parente, um irmão da igreja, um amigo ou alguém em dificuldades, cuja fé esteja tão abalada que precise da sua ajuda em oração.

6 • Oração de comunhão: buscar a presença de Deus pelo simples prazer da companhia do Pai Celestial. Sentir a alegria do Espírito Santo e Dele receber ensinamento e consolação.

O cristão que busca o Senhor em espírito e em verdade não deve se contentar com uma oração apressada, fria e mecânica, feita somente para dizer que cumpriu o seu papel. Busque a face do Senhor, tenha sede de Deus e desfrute o privilégio de usufruir uma comunhão poderosa, completa e inesquecível com o Pai Celestial.

"O que encobre as suas transgressões nunca prosperará,
mas o que as confessa e deixa,
alcançará misericórdia."
Provérbios 28:13

"Se confessarmos os nossos pecados Ele é fiel e justo,
para nos perdoar os pecados e
nos purificar de toda a injustiça."
1º João 1:9

"... Eis que já estás são, não peques mais,
para que te não suceda alguma coisa pior."
João 5:14 - segunda parte

Confessando e Abandonando o Pecado

O pecado foi a forma encontrada pelo Mal para afastar o homem de Deus, promover a infelicidade, a destruição e a morte do ser criado pelo Senhor. "O salário do pecado é a morte". Romanos 6:23. O inimigo de nossas almas quer aprisionar e condenar, cada vez mais, as pessoas que não levam a sério essa sentença.

Cristo veio a este mundo para libertar o homem do jugo do pecado, mas quem tem que tomar a decisão de receber esta dádiva é o próprio homem. Qual a importância de se confessar os pecados diante de Deus? Em primeiro lugar, é fundamental reconhecer que o que estamos praticando é errado. Enquanto não considerarmos pecado o que estamos fazendo, este imperará sobre nós. Em seguida, precisamos nos arrepender do ato praticado, porém, é necessário que esse arrependimento seja genuíno. Não adianta reconhecer o pecado e secretamente se orgulhar, gostar ou sentir tristeza ao pensar em deixar de praticá-lo. Devemos clamar pelo auxílio do Espírito Santo para abandonar, de forma firme e definitiva, as ações pecaminosas.

Muitas pessoas estão doentes; outras com sérios problemas por causa do pecado. Aproxime-se de Deus, em nome de Jesus e, em oração, confesse seus pecados. Peça, com base na promessa da Palavra de Deus, que Jesus perdoe seus pecados, lave-o da sua impureza com o sangue derramado na cruz e o purifique com o Espírito Santo.

Abandone de vez a prática e afaste-se do local ou das pessoas que o influenciam a pecar até estar definitivamente liberto. Ore para Deus lhe abençoar e lhe fortalecer para vencer toda e qualquer investida do inimigo. Confessando, deixando o pecado, você alcançará a misericórdia de Deus, perdão, libertação e purificação por Jesus Cristo, consolo e fortaleza do Espírito Santo.

"As misericórdias do Senhor são a causa de não sermos consumidos, porque as Suas misericórdias não têm fim. Nova é cada manhã, grande é a Sua fidelidade."
Lamentações 3:22 e 23

Uma nova chance

Deus nos conhece muito bem, como um pai que sabe quais as qualidades de um filho. Ele procura nos ajudar e nos orientar para uma vida bem-sucedida e feliz. No entanto, igual a uma criança teimosa, procuramos nossos próprios caminhos e fazer as coisas do jeito que achamos certo. No final, descobrimos que estávamos errados e Deus sempre certo. O melhor de tudo é que Deus, com Sua infinita misericórdia, enxergando com amor e compreensão as nossas falhas, dá-nos mais uma oportunidade para acertar.

Algumas vezes, um filho pode chegar chorando em casa, com a nota baixa que tirou na prova. Seu maior medo será a reação do pai, que pode ir da decepção até a ira; mas, para a surpresa do menino, o pai age de forma amorosa e compreensiva, dizendo:

– Calma, meu filho, existe a recuperação; estudaremos juntos e você tentará de novo. Tenho certeza de que você irá bem.

Quando você tenta e erra, fica decepcionado, irado, com medo das conseqüências e pior: com a sensação de que está perdido. Ouça a voz de Deus nesta manhã:

– Vamos tentar juntos. Deixe Eu lhe ajudar. Com Minha orientação e proteção, você vai se recuperar e vencer.

Este dia nasceu para você, porque Deus acredita que lhe dando mais uma oportunidade, renovando Seu amor, reafirmando Suas promessas contidas na Bíblia e a presença do Espírito Santo fará toda a diferença. Aproveite! Esqueça os erros de ontem e concentre-se em fazer a vontade de Deus hoje. Realize o que foi colocado pelo Senhor em seu coração.

"Irmãos, orai por nós." 1º Tessalonicenses 5:25

"... e orai uns pelos outros, para que sarem, a oração feita por um justo pode muito em seus efeitos."
Tiago 5:16 - segunda parte

Orando uns pelos Outros

Em uma sociedade moderna, a luta pela sobrevivência transformou o homem em um ser egoísta, solitário e ocupado demais. Preocupar-se com o próximo é uma tarefa delegada para ocasiões muito especiais ou para um grupo que se dispõe a isso.

O cidadão comum, eu e você, temos problemas demais; todos os dias são cheios de desafios, dificuldades; passamos o tempo resolvendo problemas domésticos e de trabalho. Passamos pelas pessoas e não temos tempo nem interesse por seus problemas. Quando muito, se uma esmola servir, acalmamos nossas consciências momentaneamente. Deus nos convida a iniciar uma mudança, começando pelo reino espiritual: oremos uns pelos outros.

Quando Paulo pediu aos irmãos de Tessalônica que orassem, sabia que aquele povo iria fazê-lo. Acreditava no poder da oração para mover a mão de Deus à realização das obras. Você pode iniciar um movimento de mudança: comece a orar.

Ore pela sua família, seu vizinho, colega de trabalho, patrão, cliente, conhecido que faz o trajeto de trabalho com você, enfim, ore por todos ao seu redor. Ore também pelos irmãos e com os irmãos na igreja. Como você pode ler na Palavra de Deus, Tiago afirmou que a oração de um justo pode muito em seus efeitos.

Quando você deixa de se concentrar em seus problemas e passa a orar e a desejar a ação de Deus para o seu próximo, Deus realiza uma ação completa: abençoa o seu próximo e você também. Ao se colocar como canal de Deus através da oração, saiba que você beneficiará a muitos, mas também será beneficiado, pois para a bênção alcançar seu irmão ela passará por você primeiro. Comece já, ore, ore, interceda e contemple o que Deus pode fazer através de sua oração. Descobrirá, maravilhado, o poder do Reino de Deus.

"Veio uma mulher de Samaria tirar água;
disse Jesus: Dá-me de beber."
João 4:7

A Mulher Samaritana e Jesus
Parte 1 - Vencendo o Preconceito

Tenho um carinho muito grande por esta história, que se inicia no cap. 4:1 até 30. Jesus nos ensina preciosas lições e faz intensas e maravilhosas revelações. Por serem tantas e tão importantes, vamos dividir este texto em algumas meditações.

A primeira delas mostra um Jesus à frente de seu tempo, disposto a derrubar todas as barreiras e preconceitos por uma alma. Naquela época, como é até hoje, os homens daquela região não dirigiam a palavra à sua mulher em público, considerada um ser inferior ao homem, muito menos, um homem falava com uma mulher estranha. Jesus, porém, pensava de forma diferente. Todos são iguais diante do Pai Celestial, inclusive algumas mulheres seguiam a Jesus.

Igualmente proibida era a conversa entre judeus e samaritanos, considerados povos inimigos. Jesus, no entanto, veio para unir os povos em torno do Senhor, ao redor de sua cruz, e sua mensagem era para todos, sem exceção. Imagine a cena: um homem judeu, jovem, encostado no poço; uma mulher samaritana se aproxima, sozinha, ao meio-dia, para retirar água. Com certeza, ela teve receio, mas estranhou quando aquele homem, com serenidade nos olhos e mansidão na voz, pediu-lhe água.

Na verdade, Ele não estava com sede; estava sim encontrando uma oportunidade para falar com aquela mulher que tanto precisava Dele e do Seu evangelho. Saiba você que Cristo está esperando apenas uma oportunidade para falar com você sobre salvação, perdão, reconciliação, paz e vida eterna. Ele está disposto a derrubar todas as barreiras e vencer todos os preconceitos por você.

"Disse Jesus: Vai chamar o teu marido e vem cá. A mulher respondeu: Não tenho marido. Disse Jesus: Disseste bem: Não tenho marido. Porque tiveste cinco maridos e o que agora tem não é teu marido: isto disseste com verdade" João 4:16 a 18

A Mulher Samaritana e Jesus Parte 2 - Eu Sei Quem Você É

Você sabia que as mulheres iam buscar água no poço, todas juntas, pela manhã para o dia e, depois, no final da tarde para a noite? Sabe porque aquela mulher foi sozinha ao meio-dia? Dificilmente ela encontraria alguém naquele horário; não seria ofendida ou humilhada por causa de sua situação. Que situação? Você perguntaria. Eu explico: nos dias de hoje, se você conhece uma mulher que já teve cinco maridos e o que tem agora não a assume como esposa, vivendo uma vida irregular, que juízo faria dela? Imagine na época de Cristo! Que fama esta mulher teria e como seria tratada? Com certeza, ninguém a escolheria para companhia, muito menos, para amizade.

Se ela tivesse um espelho em casa, que imagem veria refletida? Uma mulher derrotada, envergonhada e infeliz. Quando encontrou Jesus no poço, deve ter ficado temerosa, pois se alguém a visse, logo estaria falando mal dela. No entanto, o seu medo se transformou em curiosidade quando aquele homem lhe ofereceu a oportunidade de ouvir as boas novas da Palavra de Deus, que ela, por sua situação pecadora, não poderia freqüentar o templo para ouvir.

Ela achava que Jesus não a conhecia; por isso estava falando sobre a Palavra, mas o Mestre fez questão de "tocar na ferida", quando pediu, como condição para lhe falar, que chamasse seu marido. Quando ela disse que não tinha marido, Jesus revelou o quanto a conhecia bem e declarou a sua situação.

Da mesma maneira, Jesus está dizendo para mim e para você que nos conhece muito bem. Diante Dele caem as máscaras; tudo o que está oculto se revela; tudo o que está escondido vem à tona. Jesus nos confronta com o que teimamos em esconder ou esquecer, porque quer nos libertar, curar, limpar e perdoar. Ele quer deixar bem claro que, se veio ao nosso encontro, não estava enganado a nosso respeito. O Mestre está diante de nós conhecendo nossos pensamentos, desejos, falhas, pecados e frustrações. Melhor do que nós mesmos, Ele nos conhece desde a concepção até a nossa morte e nada está oculto diante Dele. Não se engane e nem pense em enganar a Jesus. Ele veio ao seu encontro sabendo quem você é, para transformá-lo através do Seu Amor na pessoa maravilhosa que Ele vê.

*"Disse-lhe a mulher: Senhor, vejo que és profeta.
Nossos pais adoraram neste monte e vós dizeis que é em Jerusalém
o lugar onde se deve adorar. Disse-lhe Jesus: Mulher, crê-me que a hora vem,
em que nem neste monte nem em Jerusalém adorareis o Pai.
Mas a hora vem e agora é, em que os verdadeiros adoradores adorarão o Pai
em espírito e em verdade, porque o Pai procura tais que assim o adorem."
João 4:19, 20, 21, 23 e 24*

A Mulher Samaritana e Jesus
Parte 3 - Deus ao seu Alcance

Quando a mulher samaritana viu que Jesus a conhecia, ficou desconcertada, envergonhada e sem ação. Nós ficamos da mesma maneira quando Deus fala ao nosso coração sobre a verdade que queremos esconder ou esquecer. A primeira providência que ela tomou foi desviar o rumo da conversa. Quando Deus quer tratar diretamente das nossas fraquezas, desviamos ou procuramos, pelo menos, mudar a atenção Dele.

A mulher perguntou para Jesus onde seria o lugar certo para adorar a Deus: no monte Gerisim, local sagrado dos samaritanos; ou em Jerusalém, o templo consagrado dos judeus. Se os homens fazem questão de local separado, belamente construído, ricamente adornado e agradavelmente ventilado, o Senhor faz questão é do coração do homem. Jesus sabia que se dissesse à mulher que o local era Jerusalém, ela não poderia freqüentá-lo por ser samaritana. Por outro lado se dissesse que era Gerisim, os samaritanos que a conheciam não a deixariam freqüentar por causa de sua situação. Eis o dilema: como ela poderia se achegar a Deus? O Mestre tinha a resposta para o drama que a mulher samaritana enfrentava e para o seu também.

Aproxime-se de Deus com seu coração aberto para O adorar e receber Dele paz e perdão, purificação e santificação. Ao adorá-Lo em espírito e em verdade, você se transformará no santuário ideal para Deus. A mulher samaritana poderia adorar a Deus, mas, ao melhor de tudo, embora quisesse ouvir a Palavra, orar, cantar e adorar a Deus, estava impedida. Deus quer remover esse impedimento e está à sua procura. Quer ser um adorador em espírito e em verdade? Este é um convite de Deus para você.

"A mulher disse-lhe: Eu sei que o Messias (que se chama o Cristo) vem; quando Ele vier, nos anunciará tudo. Jesus disse-lhe: Eu sou, eu que falo contigo."
João 4:25 e 26

A Mulher Samaritana e Jesus
Parte 4 - É Deus quem está falando com Você

Para uma mulher acostumada a ter pena de si mesma, resignada com a situação e, principalmente, convencida de que nada havia a fazer, a palavra de vida que Jesus estava lhe apresentando era boa demais para ser verdade.

Costumamos acreditar que nossa situação está tão complicada e o nosso coração descrente a tal ponto que dificilmente mudaremos. O que aquela mulher e nós precisamos entender é que não estamos falando com um profeta qualquer, um homem bem intencionado querendo nos consolar. Estamos lidando com o próprio Deus, Jesus Cristo, o Salvador, poderoso e determinado a lutar por nós, por nossa alma, para resgatar nossa fé e fazer renascer o homem que Deus criou, livre do pecado e da morte.

Ele venceu todos os obstáculos e preconceitos, todos os inimigos, inclusive a morte, para estar diante de nós com olhar de amor, a mão estendida e os braços abertos para nos acolher. Lembre-se: Ele sabe quem somos, tudo o que fizemos, o quanto erramos e esses erros esfriaram a nossa fé, endureceram nosso coração e enfraqueceram nossa vontade. Mas Ele quer que você saiba que têm poder para curar as feridas, seja do corpo ou da alma; Seu sangue lava as manchas do pecado; Seu poder ressuscita os mortos e, mesmo que você ache que está morto, Deus chama você de volta à vida. Ele apaga as suas transgressões e as deixa no passado, recria o seu presente e lhe dá um novo futuro.

Não se engane nem brinque. Você está falando com o Alfa e o Ômega, o princípio e o fim de tudo, o fiel e verdadeiro Senhor dos senhores, o Seu Deus. Ele veio ao seu encontro. É Ele quem fala com você através desta palavra. Creia e seja feliz.

"E disse-me:
A minha graça te basta porque o meu poder se aperfeiçoa na fraqueza.
De boa vontade pois me gloriarei nas minhas fraquezas,
para que em mim habite o poder de Cristo."
2º Coríntios 12:9

Alegrando-se com a Tribulação

Pode parecer loucura um cristão alegrar-se com a tribulação e com os problemas. Muitos podem pensar que ele é louco ou que gosta de sofrer. Mas, na verdade, não é uma coisa nem outra. A verdadeira razão de encararmos as lutas e aflições com disposição e até com uma certa coragem é a certeza de que, nesse momento, estaremos recebendo de Deus um benefício, um poder maravilhoso de superação: a Graça de Deus.

Enquanto pessoas comuns temem e desfalecem diante dos tormentos e dos problemas, o cristão vê nessas situações a oportunidade de adquirir experiência com Deus, maturidade, paciência e esperança. Jesus alertou-nos de que neste mundo teríamos aflições, mas também lembrou-nos que Ele venceu o mundo e nos aconselhou a ter ânimo. Quando estamos fracos, Cristo age em nós através do Espírito Santo, motivando-nos, enchendo-nos de coragem, força e determinação para vencer. Deus quer que sejamos aperfeiçoados. Para isso, precisamos ser moldados, forjados, trabalhados por Ele. Não fujamos das dificuldades, nem tenhamos medo. Após a luta, sairemos fortes e vitoriosos.

Os indígenas se orgulham de cada cicatriz que possuem. Segundo eles, cada marca representa uma batalha que lutaram e da qual voltaram com vida para contar. Na tribo, os guerreiros mais experientes são respeitados e admirados por todos; servem de exemplo para os mais jovens.

Os fracos, conscientes de suas fraquezas, clamam por socorro a Deus e, colocando-se por fé, em total confiança e plena dependência da Graça do Senhor, usufruem a misericórdia e o poder que levanta, sustenta, preenche e revigora o servo de Deus. Sejamos cristãos "experientes" e testemunhemos aos demais essa batalha que vencemos, para fortalecer a fé dos mais novos, consolar os mais velhos e servir de exemplo para os que iniciarem suas lutas, mostrando o caminho da vitória, junto à cruz, com a Graça de Deus.

"E, perto da meia-noite,
Paulo e Silas oravam e cantavam hinos a Deus,
e os outros presos os escutavam.
E de repente sobreveio um tão grande terremoto,
que os alicerces do cárcere se moveram e
logo se abriram todas as portas e
foram soltas as prisões de todos."
Atos 16:25 e 26

Louvor e Libertação

Louvai e enaltecei o nosso Deus; engrandecei o Seu nome e anunciai as suas maravilhas com cânticos. Louvar é elevar a voz com gratidão e cantar para Deus; declarar seu amor através de hinos e canções.

Em determinados momentos de nossa vida, a última coisa que pensamos é em louvar. Talvez porque nossa mente ande ocupada com problemas para resolver; nosso coração esteja triste, deprimido ou magoado; ou, então, estejamos irritados ou ainda em dificuldades. Mas não foi justamente em uma situação extremamente difícil que encontramos Paulo e Silas louvando a Deus? Acredito que muitas pessoas estranhariam hoje um homem louvar a Deus na prisão. Aliás, na opinião dos homens "sensatos", lugar de louvor é na igreja e nas ocasiões propícias.

A Bíblia nos mostra o contrário: onde estiver um cristão, ali é lugar de louvor. O louvor é demonstração de alegria e gratidão por Deus. Paulo testemunhava sua comunhão com Deus através da palavra, da oração e do louvor. Ele não louvava somente quando estava com os irmãos e dentro da igreja. Veja em que local interessante encontramos Paulo louvando: dentro da prisão.

O louvor é uma forma artística, bela e suave de falar com Deus, testemunhar Sua palavra e os Seus feitos. Muitas pessoas são atraídas pela música, pela melodia e são alcançadas pelo poder de Deus. O louvor liberta. No caso de Paulo, Deus operou uma tremenda maravilha: abriu as portas da prisão e provou o Seu poder.

O louvor liberta você, também, de prisões como a da indiferença, a da frieza e a da solidão. O Espírito de Deus habita no meio dos louvores; o coração de um cristão que louva a Deus se enche de gozo, paz e harmonia, concedidos pelo derramar do poder de Deus. A experiência de louvar em situações diversas leva o cristão a testemunhar a outras pessoas a sua alegria e confiança no Deus a quem serve. Paulo agiu dessa maneira e o Senhor honrou a sua fé. Você está feliz? Cante louvores! Está passando por momentos difíceis? Louve ao Senhor. Não tem motivos para louvar? Tem certeza? Então louve ao Senhor para que Ele lhe mostre! Paulo via, em sua vida, motivos para louvar, e isso incluiu todas as perseguições, lutas, naufrágios, tribulações e perigos. Incluiu também libertações, curas, provisão e salvação. Uma vida para louvar será uma vida de louvor. O cristão que louva é um cristão que será louvado.

"No demais, irmãos meus fortalecei-vos no Senhor e
na força do Seu poder.
Revestindo-se de toda a armadura de Deus
para que possais estar firmes contra as astutas ciladas do diabo."
Efésios 6:10 e 11

A Armadura do Cristão

Você já saiu de casa alguma vez com tanta pressa que esqueceu de colocar alguma peça do seu vestuário? Dependendo da peça, poderia ser um grande vexame; estaria correndo o risco de ser acusado pelas demais pessoas de louco ou despudorado.

Antes de ir para o trabalho, para a escola ou simplesmente a um passeio você confere se está tudo bem com sua aparência. Para enfrentar o dia-a-dia do mundo espiritual você confere se está devidamente trajado com a armadura de Deus? Ela precisa estar completa para garantir sua segurança, tranqüilidade e vitória. Vamos conferir detalhe por detalhe:

- Cingir as costas com a verdade e o peito com a couraça da justiça. Contra a verdade, a calúnia, a mentira e a fofoca não têm chances. A justiça derrota toda a armadilha de atos desiguais e desumanos.

- Calçando os pés com o evangelho da paz, seus passos serão marcados pela Palavra de Vida que lhe conduzirá pelo caminho reto, promovendo a paz.

- Com o escudo da fé poderá apagar todos os dardos inflamados do maligno, sejam eles no ambiente de trabalho, em casa, na igreja ou em qualquer outro lugar. Eles não terão o poder de atingir o seu coração com sentimentos de derrota, medo, desespero ou confusão, pois a sua fé no Senhor os colocará por terra.

- Com o capacete da Salvação em sua cabeça nada nem ninguém poderá afastar seus pensamentos das promessas de Deus para você e da obra redentora de Cristo para a sua vida, preservando, assim, a sua mente de ser ocupada por pensamentos pecaminosos.

- A espada da Palavra de Deus será a sua arma de defesa e de ataque. De defesa, porque defenderá a sua vida e as suas realizações com base em todas as bênçãos dirigidas a você, que serão lembradas, uma a uma, pelo Espírito Santo. De ataque, porque combaterá as trevas do Mal com palavras da Verdade e da Salvação proferidas pelo próprio Deus.

Orando todo o tempo, louvando a Deus e testemunhando a Palavra, você terminará seu dia sendo mais do que vencedor, pois esta é a vontade de Deus.

"Pode uma mulher esquecer tanto de seu filho-cria,
que se não compadeça dele, do filho de seu ventre?
Mas ainda que esta se esquecesse eu todavia,
me não esquecerei de ti."
Isaías 49:15

Deus não se Esquece de Você

Se há alguém que nunca se esquece de nós é a nossa mãe. Seu cuidado, carinho e dedicação não conhecem tempo nem distância. Seremos sempre crianças para ela; aquele cordão umbilical que nos unia, quando em sua barriga, nunca foi cortado. A mãe continua sentindo no coração, quando algo não vai bem com o filho; não mede sacrifícios. Para nós tudo que há de melhor ela reserva: o prato quentinho, o doce, o presente e o carinho. Para o seu filho, a roupa mais bonita, a maior fatia do bolo, a melhor escola, um lugar especial no colo, na mesa e na vida dessa mãe.

Filho é a razão da preocupação, do orgulho, da alegria e das noites de vigília, em oração, esperando o filho chegar para ter a certeza de que tudo está bem. Filho é motivo de conversa, qualquer que seja o assunto. É a razão de viver de uma mãe.

O amor de mãe é o que mais se aproxima da idéia do amor de Deus. Imagine então a grandiosidade deste amor. Se sua mãe já vibrava com você na barriga dela, Deus já amava você antes. Afinal, no Seu livro, Ele já escrevia sobre você, como está relatado em Salmo 139:16. Deus já sabia qual seria o seu nome e conhecia seus passos. Sua mãe acompanhou seu crescimento; Deus acompanhou sua vida até a sua morte. Afinal, Ele é onipresente e está no seu passado, presente e futuro. Sua mãe ouviu suas primeiras palavras; Deus ouve até seus pensamentos e o que vai no seu coração. Sua mãe seria capaz de dar a vida por você; Deus fez isso: Ele morreu para nos dar vida. Sua mãe poderia até perder você de vista, mas iria procurá-lo por toda parte. Deus nunca deixou de olhar por você e para você, nem enquanto você dorme.

Chegará o momento em que você não verá mais a sua mãe: ela terá partido. Nesse momento, o amor de Deus suprirá a saudade e preencherá seu coração, pois Ele não o deixará jamais. Mãe será sempre uma amorosa lembrança; Deus será uma forte presença. O amor de Deus será para você o amor de mãe, pai, irmão, esposo(a) e filho, com o propósito de fazê-lo ver que, nesta vida, o que nos faz felizes e melhores, e redime nossa alma do pecado, da dor e do Mal é o amor. O amor de Deus.

"Aquele que tem os meus mandamentos e os guarda
esse é o que me ama e
aquele que me ama será amado de meu Pai e
Eu o amarei e me manifestarei a ele."
João 14:21

Prova de Amor

Ser cristão é muito mais do que freqüentar uma igreja, ler a Bíblia e cantar hinos por achar ser este o dever esperado de um servo de Deus. Quando falamos de um novo nascimento, queremos dizer que o cristão é uma outra pessoa, com comportamento diferente e um pensamento diferente, porque tem um relacionamento pessoal com Deus.

Se você é solteiro e alguém fala sobre os deveres de um casamento, o seu desejo é o de evitar compromissos. Porém, se você conhece alguém muito especial a quem passa a amar, você vai desejar o compromisso.

Quando você conhece a Cristo e tem um encontro pessoal com seu Salvador, recebe o Espírito Santo e uma transformação ocorre em seu coração: você passa a **querer** guardar os mandamentos, por amor e não por dever; você se afasta do pecado, porque ele não lhe atrai mais; sua vontade agora é a de agradar a Deus.

A oração passa a ser um momento especial de falar, face a face, com seu Deus; a Bíblia passa a ser a voz de um Pai amoroso falando ao seu coração. Ninguém duvida da pessoa que ama. Você passa a crer em Deus, independente do que digam, porque, se antes era apenas um nome, agora você O conhece muito bem. É fácil agradar a quem ama, porque lhe faz feliz também, então, guardar os mandamentos de Deus se torna uma prova de amor.

Dizer que é cristão e não guardar os mandamentos é o mesmo que dizer a uma pessoa que a ama e não demonstrar. Você é cristão? Guarda os mandamentos? Então ama a Cristo. Não guarda os mandamentos? Então suas palavras sem ação são vazias. Guarde os mandamentos e ame a Deus de verdade, segundo a promessa de Cristo. Ele e o Pai virão fazer morada em sua vida, preenchendo-a abundantemente de amor.